ACCESO GRATIS ***a la Lectura en la Nube***

Para visualizar el libro electrónico en la nube de lectura envíe junto a su nombre y apellidos una fotografía del código de barras situado en la contraportada del libro y otra del ticket de compra a la dirección:

ebooktirant@tirant.com

En un máximo de 72 horas laborales le enviaremos el código de acceso con sus instrucciones.

La visualización del libro en **NUBE DE LECTURA** excluye los usos bibliotecarios y públicos que puedan poner el archivo electrónico a disposición de una comunidad de lectores. Se permite tan solo un uso individual y privado

ENSAYOS SOBRE ARBITRAJE COMERCIAL Y DE INVERSIÓN 111

3ª EDICIÓN DEL PREMIO GUILLERMO AGUILAR ÁLVAREZ

COMITÉ CIENTÍFICO DE LA EDITORIAL TIRANT LO BLANCH

MARÍA JOSÉ AÑÓN ROIG
Catedrática de Filosofía del Derecho de la Universidad de Valencia

ANA CAÑIZARES LASO
Catedrática de Derecho Civil de la Universidad de Málaga

JORGE A. CERDIO HERRÁN
Catedrático de Teoría y Filosofía de Derecho Instituto Tecnológico Autónomo de México

JOSÉ RAMÓN COSSÍO DÍAZ
Ministro en retiro de la Suprema Corte de Justicia de la Nación y miembro de El Colegio Nacional

MARÍA LUISA CUERDA ARNAU
Catedrática de Derecho Penal de la Universidad Jaume I de Castellón

MANUEL DÍAZ MARTÍNEZ
Catedrático de Derecho Procesal de la UNED

CARMEN DOMÍNGUEZ HIDALGO
Catedrática de Derecho Civil de la Pontificia Universidad Católica de Chile

EDUARDO FERRER MAC-GREGOR POISOT
Juez de la Corte Interamericana de Derechos Humanos Investigador del Instituto de Investigaciones Jurídicas de la UNAM

OWEN FISS
Catedrático emérito de Teoría del Derecho de la Universidad de Yale (EEUU)

JOSÉ ANTONIO GARCÍA-CRUCES GONZÁLEZ
Catedrático de Derecho Mercantil de la UNED

JOSÉ LUIS GONZÁLEZ CUSSAC
Catedrático de Derecho Penal de la Universidad de Valencia

LUIS LÓPEZ GUERRA
Catedrático de Derecho Constitucional de la Universidad Carlos III de Madrid

ÁNGEL M. LÓPEZ Y LÓPEZ
Catedrático de Derecho Civil de la Universidad de Sevilla

MARTA LORENTE SARIÑENA
Catedrática de Historia del Derecho de la Universidad Autónoma de Madrid

JAVIER DE LUCAS MARTÍN
Catedrático de Filosofía del Derecho y Filosofía Política de la Universidad de Valencia

VÍCTOR MORENO CATENA
Catedrático de Derecho Procesal de la Universidad Carlos III de Madrid

FRANCISCO MUÑOZ CONDE
Catedrático de Derecho Penal de la Universidad Pablo de Olavide de Sevilla

ANGELIKA NUSSBERGER
Catedrática de Derecho Constitucional e Internacional en la Universidad de Colonia (Alemania). Miembro de la Comisión de Venecia

HÉCTOR OLASOLO ALONSO
Catedrático de Derecho Internacional de la Universidad del Rosario (Colombia) y Presidente del Instituto Ibero-Americano de La Haya (Holanda)

LUCIANO PAREJO ALFONSO
Catedrático de Derecho Administrativo de la Universidad Carlos III de Madrid

CONSUELO RAMÓN CHORNET
Catedrática de Derecho Internacional Público y Relaciones Internacionales de la Universidad de Valencia

TOMÁS SALA FRANCO
Catedrático de Derecho del Trabajo y de la Seguridad Social de la Universidad de Valencia

IGNACIO SANCHO GARGALLO
Magistrado de la Sala Primera (Civil) del Tribunal Supremo de España

ELISA SPECKMAN GUERRA
Directora del Instituto de Investigaciones Históricas de la UNAM

RUTH ZIMMERLING
Catedrática de Ciencia Política de la Universidad de Mainz (Alemania)

Fueron miembros de este Comité:
Emilio Beltrán Sánchez, Rosario Valpuesta Fernández y Tomás S. Vives Antón

Procedimiento de selección de originales, ver página web:
www.tirant.net/index.php/editorial/procedimiento-de-seleccion-de-originales

ENSAYOS SOBRE ARBITRAJE COMERCIAL Y DE INVERSIÓN III

3ª EDICIÓN DEL PREMIO GUILLERMO AGUILAR ÁLVAREZ

CENTRO DE ARBITRAJE DE MÉXICO

tirant lo blanch
Ciudad de México, 2025

Copyright ® 2025

Todos los derechos reservados. Ni la totalidad ni parte de este libro puede reproducirse o transmitirse por ningún procedimiento electrónico o mecánico, incluyendo fotocopia, grabación magnética, o cualquier almacenamiento de información y sistema de recuperación sin permiso escrito de los autores y del editor.

En caso de erratas y actualizaciones, la Editorial Tirant lo Blanch México publicará la pertinente corrección en la página web www.tirant.com/ mex/

Este libro será publicado y distribuido internacionalmente en todos los países donde la Editorial Tirant lo Blanch esté presente.

© Centro de Arbitraje de México

© EDITA: TIRANT LO BLANCH
DISTRIBUYE: TIRANT LO BLANCH MÉXICO
Av. Tamaulipas 150, Oficina 502
Hipódromo, Cuauhtémoc
CP 06100, Ciudad de México
Telf: +52 1 55 65502317
infomex@tirant.com
www.tirant.com/mex/
www.tirant.es
ISBN: 978-84-1095-122-8
MAQUETA: Disset Ediciones

Si tiene alguna queja o sugerencia, envíenos un mail a: *atencioncliente@tirant.com*. En caso de no ser atendida su sugerencia, por favor, lea en *www.tirant.net/index.php/empresa/politicas-de-empresa* nuestro procedimiento de quejas.

Responsabilidad Social Corporativa: http://www.tirant.net/Docs/RSCTirant.pdf

Índice

RESEÑA DE LOS AUTORES

La ley aplicable a la cláusula arbitral en ausencia de elección de las partes

ALISSA VON WITTELSBACH

(México)

TABLA DE CONTENIDO

INTRODUCCIÓN

El arbitraje es un método de resolución de disputas basado en la autonomía de las partes, sin reglas estandarizadas ni precedentes obligatorios. El comercio se basa en el intercambio mutuo de beneficios, que a menudo involucran intereses opuestos. Las cláusulas de resolución de disputas, a menudo llamadas «cláusulas de medianoche», tienden a pasarse por alto en los contratos. Una vez que surge una disputa, debe abordarse dentro de un marco legal específico, que es más fácil de identificar en los litigios nacionales. Sin embargo, las partes deben ser cautelosas al optar por el arbitraje, ya que la autonomía de las partes puede ser un tormento si los términos del proceso no están claros. El elemento más importante qué considerar al redactar una cláusula arbitral es la ley aplicable, pues de ella depende la procedencia misma del conflicto a arbitraje.

En ese sentido, cuando las partes no acuerdan expresamente dicha ley, el árbitro debe decidir cuál es la aplicable. No obstante, no hay consenso dentro de la comunidad internacional sobre tal ley ni consenso sobre las reglas que deben seguirse para determinarla. Actualmente, existe una clara dicotomía en la comunidad internacional (tribunales arbitrales, cortes nacionales, practicantes y doctrinarios); por un lado, se encuentran los que apoyan a la ley de la sede como aplicable y, por otro lado, quienes apoyan a la ley del contrato. Las recientes decisiones judiciales en Inglaterra y Francia han ampliado aún más esta divergencia y por eso es menester homologar criterios. Este trabajo tiene como objetivo aportar a la discusión, primero, mediante un panorama global de la situación actual; y, segundo, esgrimiendo argumentos que soporten la postura que encuentro más adecuada para finalizar la dicotomía actual de criterios.

1. LA LEY APLICABLE A LA CLÁUSULA ARBITRAL EN EL MUNDO

El derecho internacional tiene como objetivo alcanzar la uniformidad. Sin embargo, aunque muchos países han adoptado la Ley Modelo[1], las legislaciones nacionales siguen siendo diferentes entre ellas[2]. Lo

1 Ley Modelo de la Comisión de las Naciones Unidas para el Derecho Mercantil Internacional sobre Arbitraje Comercial Internacional (Ley Modelo UNCITRAL, por sus siglas en inglés).

2 La ley suiza, por ejemplo, aborda expresamente la cuestión al establecer que la ley del contrato se aplica si las partes no eligen la ley, o bien, la ley suiza (como ley de la sede). Por su parte, los legisladores austriacos excluyeron expresamente la cuestión de la Ley de Arbitraje – Paul Oberhammer, *Entwurf*

mismo se aplica a la jurisprudencia: mientras que algunos países como Inglaterra[3] y Francia[4] han sido más coherentes con sus criterios (independientemente de ser pro lex causae o lex fori), otros países como Alemania[5] o Austria[6] han llegado a conclusiones diferentes a lo largo de su jurisprudencia.

La situación global actual con respecto a la ley aplicable a los acuerdos de arbitraje es una «colisión» con diferentes tribunales que abordan este tema. El ámbito internacional se divide en dos posturas: la ley de la sede y las que sustentan la ley del contrato. Esta dualidad es evidente en la saga Kabab-Ji vs KFG, donde los tribunales inglés y francés tomaron decisiones opuestas sobre los mismos hechos. Los ingleses preferían la ley del contrato, mientras que los franceses preferían la ley de la sede arbitral. Este caso marcó un hito para la práctica del arbitraje internacional. El caso Kabab-Ji vs. KFG es el final de una saga que comenzó con el caso Sulamérica vs. Enesa en 2012, seguido de Enka vs. Chubb en Europa, BCY vs. BCZ en 2016 y BNA vs. BNB en Singapur. Para entender la situación global actual, es necesario abordar toda la saga, incluido el camino seguido hasta el choque del Canal.

---

eines neuen Schiedsverfahrensrecht Mit Erläuterungen von Paul Oberhammer. Veröffentlichungen des Ludwig-Boltzmann-Institutes für Rechtsvorsorge und Urkundenwesen XXVII (Manz 2002) 75.

3 Véase, por ejemplo, los casos Sulamérica y Enka contra Chubb (ambos detallados *infra*) en el que el Tribunal de Justicia acabó aplicando la lex fori, pero (paradójicamente) favoreciendo la lex causae dentro de su razonamiento.

4 Véase, por ejemplo, Municipalité de Khoms El Mergeb vs. Dalico Contractors (Cass Civs 1 20 de diciembre de 1993 [nº 91/16828]) donde se estableció el principio de separabilidad, siguiendo así el enfoque de la lex fori.

5 Véanse, por ejemplo, dos resoluciones del Tribunal Supremo alemán en materia civil y penal (BGH 07.1.1971, VII ZR 160/69 y BGH 28.11.1963, VII ZR 112/62) en las que el tribunal optó, por una parte, por aplicar la lex causae y, en el segundo caso, por aplicar la lex fori en virtud de una elección implícita.

6 Véase, por ejemplo, una reciente decisión del Tribunal Supremo austriaco (OGH 15.5.2019, 18 OCg 6/18h) cuando se observa una tendencia a decidir hacia la aplicación de la ley del contrato, normalmente considerada como una elección implícita de las partes.

Resumen de las principales jurisdicciones

El resumen de jurisdicciones se refiere a una visión general de los marcos jurídicos y la jurisprudencia en diferentes países con respecto a la ley aplicable a la cláusula arbitral y los elementos pertinentes relacionados con ella. Esta sección trata sucintamente el enfoque general de las jurisdicciones arbitrales más relevantes del mundo.

Austria

La Ley de arbitraje austríaca guarda silencio sobre la cuestión de la ley que rige el acuerdo de arbitraje. Cuando se introdujo la Ley de Arbitraje revisada en 2006, se debatió la cuestión, pero el legislador decidió en última instancia y deliberadamente dejar la cuestión abierta a nuevos desarrollos de la jurisprudencia y la literatura.[7]

A través de la jurisprudencia, Austria adoptó el principio de separabilidad al afirmar que un defecto en el contrato principal, en principio, no afecta a la cláusula arbitral.[8]

Tendencialmente, el Tribunal Supremo austriaco aplicará la ley del acuerdo principal a la cláusula compromisoria[9]. Sin embargo, la Corte Suprema en 2019 admitió que el tema es «particularmente controvertido»[10] a nivel internacional y, por lo tanto, debe evaluarse caso por caso[11].

---

7 Oberhammer, *Entwurf eines Neunen Schiedsverfahrensrechts,* pág. 75 en Katharina PLavec, The Law Applicable to the Interpretation of Arbitration Agreements Revisited, University of Vienna Law Review, Vol 4 (2020), pág. 86.

8 OGH, 7.08.2007, 4 Ob 142/07 x.

9 OGH 15.05.2019, 18 OCg 6/18h; OGH 19.12.2018, 3 Ob 153/18y.

10 «*Besonders umstritten*» fue la expresión exacta de la corte.

11 OGH 19.12.2018, 3 Ob 153/18y.

Bélgica

Sigue el principio de separabilidad[12], sin embargo, no se aplica cuando la existencia del contrato principal es incierta. Si el contrato no existiera, no podría contener ninguna cláusula, incluido el arbitral.[13]

Brasil

Sigue la doctrina de separabilidad. Sin embargo, corresponde a los árbitros decidir sobre la existencia, validez y ejecución de la cláusula arbitral[14]. En caso de que las partes no lo hayan sometido a una ley específica, la ley aplicable será la del país donde se dictó el laudo[15].

China (República Popular)

Sigue la doctrina de separabilidad para la modificación, rescisión, terminación e invalidez del contrato principal[16]. La sede es donde se realiza el laudo y otorga competencia a los tribunales locales. La sede también determina la ley procesal.

El derecho procesal rige el proceso, y el derecho sustantivo rige los méritos de lo disputado. Al carecer de opciones de derecho sustantivo, los tribunales chinos suelen aplicar normas de conflicto de leyes.

---

12 Art. 1690, §1 GWB.

13 Stephan Balthasar, International Commercial Arbitration: International Conventions, Country Reports and Comparative Analysis–A Handbook (2da ed., C.H. Beck | 2021), pág. 219, párr. 20.

14 Art. 8 Ley Arbitral.

15 Stephan Balthasar, International Commercial Arbitration: International Conventions, Country Reports and Comparative Analysis–A Handbook (2de ed., C.H. Beck | 2021), pág. 251, párr. 20.

16 Art. 19 de la Ley de Arbitraje; art. 57 de la Ley Contractual; Jiangsu Materials Group Textile Corporation contra H.K. Top Capital Holding Ltd y Canada Prince Development Ltd [1998] SPC.

Inglaterra y Gales

Sigue la doctrina de separabilidad[17] y, con carácter general, aplicará la lex contractus sobre la cláusula arbitral. Más adelante se explican los principales casos.

Francia

Más adelante se explican los principales casos.

Alemania

Alemania sigue el principio de territorialidad como casi todos los países de la Ley Modelo.[18] Aquí también hay una diferencia entre la sede del arbitraje y el lugar del procedimiento.[19] La sede determina el derecho procesal (lex arbitri). El principio de separabilidad es reconocida por los tribunales alemanes[20], por lo que la validez del contrato y la cláusula arbitral son independientes entre sí[21].

Históricamente, la jurisprudencia alemana relativa al derecho de la cláusula arbitral no ha sido uniforme, ya que existen decisiones judiciales que favorecen a ambos, la lex fori y lex contractus[22]. Sin embargo, la decisión más reciente en Alemania ha seguido este último enfoque como una elección implícita de la ley.[23]

---

17 Sección 7, Acta Arbitral de 1996.

18 Art. 1(2) ML y §1025, párr. 1 ZPO.

19 §1043, párr. 2 ZPO.

20 BGHZ 53, 315; OLG München SchiedsVZ 2011, 337 (338).

21 OLG Hamburg, SchiedsVZ 2013, 180 (181).

22 OLG Hamburg 24.01.2003, 11 Sch 06/01; Bayerisches OLG 16.01.2004, 4 Z Sch 22/03; BGH 23.04.1998, NJW 1998, 2452.

23 OLG Frankfurt 10.05.2012, 26 SchH 11/10; OLG München 16.08.2017, 34 SchH 14/16; OLG München 18.06.2018, 34 SchH 7/17.

Grecia

Grecia acaba de introducir su nueva ley arbitral que cambia la perspectiva anterior y ahora sigue, como Suiza y España, el principio de validación. Esto significa que la validez delacuerdo arbitral se evalúa con arreglo a la ley más favorable entre la lex fori, la lex contractus y la ley griega.[24]

Hong Kong

La sede determina la lex arbitri. Hong Kong adopta el principio de separabilidad[25], por lo que el repudio del contrato principal no implica el repudio de la cláusula arbitral.[26] Las partes asumen que la ley del contrato se aplicará automáticamente.[27]

India

Sigue el principio de territorialidad y abraza la doctrina de separabilidad.[28] Ninguna elección expresa de la ley a la cláusula arbitral significa que la ley aplicable es la de la sede. Sin embargo, una elección de ley

---

24 Véase, Boletín de Resolución de Disputas de la CCI 2023 I Número 1 – «A pioneering Arbitration Act» (págs. 23 y ss.).

25 Sección 34(1) Ordenanza de Arbitraje de Hong Kong.

26 Heyman vs. Darwins [1942] AC 356 (precedente inglés).

27 Stephan Balthasar, International Commercial Arbitration: International Conventions, Country Reports and Comparative Analysis–A Handbook (2da ed., C.H. Beck | 2021) 413, párr. 18.

28 Sección 16(1)(a) ACA 1996; Reliance Industries Limited & Anr. v Union of India, Civil Appeal No. 5765/2014; Enercon (India) Limited & Ors. v Enercom GmbH & Anr., Civil Appeal No. 2086/2014, párr. 80 en el que el tribunal sostuvo que «[el principio de separabilidad] *es necesario garantizar que la intención de las partes de resolver la controversia mediante arbitraje no se evapore en el aire con cada impugnación de la legalidad, validez, firmeza o incumplimiento del contrato subyacente*».

clara para el contrato y ninguna indicación de ley que rija la cláusula arbitral implica la extensión de la ley del contrato a la cláusula arbitral[29].

Países Bajos

Abraza el principio de separabilidad.[30] Al igual que Alemania, varias cuestiones relacionadas con elacuerdo arbitral pueden regirse por diferentes leyes.[31] Aunque no está claro, en general, la lex contractus se extendería a la cláusula arbitral.[32]

Singapur

Más adelante se explican los principales casos.

España

La sede determina la lex arbitri y el tribunal competente para apoyar y supervisar el arbitraje. [33] Entre las facultades de supervisión del tribunal se encuentran el nombramiento de árbitros, la recusación de estos y el laudo.

---

[29] National Thermal Power Corporation vs. Singer Company et al. (1992) 3 SCC 551; Nirma Ltd vs. Lurgi Energie und Entsorgung GmbH, AIR 2003 Guj 145.

[30] Art. 1053 Rv; HR, 27 de diciembre de 1935, NJ 1936, 442 (Verhoeven/Veugelers).

[31] Stephan Balthasar, International Commercial Arbitration: International Conventions, Country Reports and Comparative Analysis–A Handbook (2da ed., C.H. Beck | 2021) 483, párrs. 20-21.

[32] Lázico/Meijer, en: Weigand (ed.), Practitioner's Handbook on International Commercial Arbitration, 2da ed., 2009, pág. 623.

[33] Art. 8 Ley de Arbitraje.

La lex fori tiende a aplicarse[34], incluso sin ninguna conexión de las partes con ese lugar.[35] Como pocos, España sigue el principio de validación al permitir que la cláusula arbitral sobreviva a una impugnación de nulidad si es válida en virtud de la ley de la sede, la ley del contrato o la ley española.

Suecia

Sigue el principio de territorialidad y la elección de la sede determina la lex arbitri más la competencia de los tribunales locales para asistir a los procedimientos.

Suecia adopta el principio de separabilidad[36], que pretende la evaluación autónoma de la validez de la cláusula arbitral.

Una cláusula general de elección de la ley aplicable no es suficiente para establecer su aplicación a la cláusula arbitral[37]. La ley de la sede se aplica a la cláusula arbitral si no se ha designado expresamente alguna que la rija.[38]

Suiza

Principio de territorialidad y doctrina de separabilidad. Al igual que España, se adopta el principio de validación, por lo que la cláusula arbitral existe y tiene efectos siempre que sea válida bajo la ley de la sede, la ley del contrato o la ley suiza.

---

34 Audiencia Provincial de Barcelona, 86/2009 (Sección 15), 29 de abril de 2009, Proyectos de Licencias SI. (España) vs. Pirelli & VS. SpA (Italia), YCA XXXVS. (2010), párr. 452-453.

35 Tribunal Supremo, 23 de julio de 2001, Kern Electrónica, S.A. (España) vs. Goldstar Company Limited (Corea), YCA XXXII (2006), párr. 825-833.

36 Sección 3 Lag om Skiljeförfarande (LSF – Ley Sueca de Arbitraje).

37 Goverment Bill 1998/99: 35, párr. 193.

38 Sección 48 LSF, párr. 1.

Estados Unidos de América

No sigue el principio de territorialidad. Se hace una división de los elementos de la cláusula arbitral. La ley aplicable no se refiere totalmente a la cláusula arbitral, sino separadamente a sus aspectos internos y externos. Los aspectos internos se relacionan con la administración del proceso arbitral, como el número de árbitros, las medidas provisionales y el descubrimiento. Los aspectos externos se refieren a la competencia de los órganos jurisdiccionales nacionales, como las medidas provisionales, la asistencia judicial en la prueba y la suspensión del laudo.

Según esta división, las partes pueden elegir una ley diferente a la del contrato que sea aplicable a la cláusula arbitral. Si lo hacen, sería para asuntos internos, mientras que los asuntos externos se regirán por la sede.[39]

Sin esa distinción, generalmente, tanto los asuntos internos como externos se rigen por la ley de la sede.[40]

Casos emblemáticos

Sulamérica vs. Enesa[41]

El caso involucró dos pólizas de seguro a todo riesgo para la construcción de la instalación hidroeléctrica más grande del mundo, Jirau en Brasil. Enesa reclamó bajo la póliza por daños físicos y pérdidas consecuentes resultantes de incidentes en marzo de 2011, mientras que Sulamérica negó responsabilidad. Iniciaron un procedimiento de arbitraje para obtener una declaración de no responsabilidad y una declaración de que se había producido una alteración importante. Enesa inició procedimientos en los tribunales brasileños de conformidad con la cláusula

---

39 Berman, Ascertaining the Parties' Intentions in Arbitral Design, 113 Penn St. L. Rev. 1013-1029 (2009).

40 Stephan Balthasar, International Commercial Arbitration: International Conventions, Country Reports and Comparative Analysis–A Handbook (2da ed., C.H. Beck | 2021) pág. 665, párr. 19.

41 Sulamérica Cia Nacional de Seguros S.A. y otros vs. Enesa Engenharia S.A. y otros [2012] EWHC 42 (Comm); y [2012] EWCA Civ. 638.

de jurisdicción exclusiva contenida en la póliza. Sulamérica solicitó una medida cautelar provisional en los tribunales ingleses para impedir que Enesa continuara con los procedimientos brasileños.

Enesa argumentó que elacuerdo arbitral se regía por la ley brasileña y que la competencia era exclusiva de los tribunales brasileños debido a las partes, la ubicación del riesgo y los eventos en cuestión, cuales elementos eran todos brasileños. Sulamérica argumentó que la ley con la conexión más estrecha y real era la de Inglaterra, ya que la cláusula de arbitraje establecía que la sede del arbitraje debía ser Londres. El juez Cooke J determinó que Inglaterra, la ley de la sede, debería aplicarse alacuerdo arbitral a pesar de todos los demás factores señalaban la ley de Brasil.

El tribunal de apelación confirmó esta decisión y continuó con la medida cautelar, pero reconoció que la conexión más estrecha no siempre sería con la ley de la sede, sino que debería haber una «investigación en tres etapas»: (i) la elección expresa, (ii) elección implícita y (iii) conexión más cercana y real.

Reconocieron que las etapas (ii) y (iii) de la investigación a menudo se sobrepondrán entre sí. Contrariamente al razonamiento de primera instancia, aceptaron que, sin otros factores contrarios, la ley implícita de la cláusula arbitral será a menudo la misma que la ley del contrato sustantivo. Sin embargo, optaron por no ser más prescriptivos, ya que siempre será una cuestión de interpretación contractual, teniendo en cuenta el contexto comercial y jurídico en el que se establece el acuerdo de arbitraje.

BCY vs. BCZ[42]

Es común que los usuarios de arbitraje internacional se vean envueltos en disputas relativas a la ley aplicable alacuerdo arbitral cuando no se ha hecho una elección expresa. Esto es especialmente cierto cuando las partes tratan las cláusulas arbitrales como «cláusulas de medianoche» y no prestan la debida atención a la redacción cuidadosa de una cláusula arbitral. En tales situaciones, la decisión BCY vs. BCZ es sin

---

42 BCY vs. BCZ [2016] SGHC 249.

duda un paso positivo. BCY vs. BCZ trata de armonizar la posición de Singapur con la posición inglesa (Sulamérica vs. Enesa), de manera que la elección implícita de la ley aplicable a la cláusula arbitral sea probablemente la misma que la ley del contrato sustantivo.

BCY vs. BCZ puso sobre la mesa la diferencia de trato entre un acuerdo arbitral dentro y fuera del contrato. En otras palabras, una cláusula arbitral (acuerdo arbitral dentro del contrato) y un acuerdo arbitral *strictu sensu.*

La disputa giraba en torno a un acuerdo de compraventa de acciones de una empresa, que se regía por la ley de Nueva York y contenía una cláusula de arbitraje de la CCI en Singapur. BCY decidió no proceder con la venta propuesta de acciones e inició con el arbitraje CCI. BCY impugnó la competencia del árbitro, argumentando que no se había celebrado ningún acuerdo arbitral entre las partes. El tribunal arbitral concluyó que el derecho de Nueva York regía el acuerdo arbitral y en virtud de este existía un acuerdo arbitral válido. BCY apeló la decisión ante el Tribunal Superior de Singapur (SGHC), que se centró en la elección implícita de la ley. El Tribunal Superior reiteró que la ley aplicable a unacuerdo arbitral se determina mediante un test triinstancial, centrado en la elección implícita de la ley aplicable. BCZ argumentó que la ley del contrato (Nueva York) debía regir el acuerdo arbitral, mientras que BCY argumentó que la ley de la sede (Singapur) debía regirlo. Aunque no había ninguna diferencia sustancial entre la legislación de Nueva York y la de Singapur con respecto a la existencia de un acuerdo arbitral, el SGHC decidió que determinaría la ley aplicable al acuerdo arbitral porque había divergencia en las autoridades que traban esa cuestión. Como resultado de ese análisis, el Tribunal concluyó que no había ninguna razón para que el Secretario Auxiliar en FirstLink vs. GT Payment se apartara del criterio establecido en Sulamérica vs. Enesa y ahora favoreciera una presunción de partida para la ley de la sede.[43] La Corte también sostuvo que el análisis de la elección de la ley aplicable a unacuerdo arbitral diferiría en función de si se inscribe en un contrato principal o si se trata de unacuerdo arbitral independiente.

---

[43] BCY vs. BCZ [2016] SGHC, pág. 249, párr. 54.

En cuanto al acuerdo arbitral como parte del contrato principal, el SGHC sostuvo que «*la ley aplicable del contrato principal es un fuerte indicador de la ley aplicable al acuerdo arbitral*».[44] Una sede arbitral distinta del lugar cuya ley rige el contrato podría justificar apartarse de esa presunción de partida[45], pero no basta por sí misma[46]. Esa posición supletoria solamente debería desplazarse si aplicar la ley del contrato invalidare el acuerdo arbitral, pero, aun así, las partes manifestaren una clara intención de arbitrar sus controversias. En tales circunstancias, la ley de la sede debería regir el acuerdo arbitral.[47]

Sin embargo, teniendo en cuenta los acuerdos arbitrales independientes, el SGHC concluyó que si no hay una elección expresa de la ley del acuerdo de arbitraje, lo más probable es que la ley de la sede rija el acuerdo arbitral siguiendo el principio más amplio de que si no hay una elección expresa de la ley aplicable para cualquier contrato, la ley de la sede puede ser un indicador de la elección implícita de su ley aplicable.[48]

BNA vs. BNB[49]

Los tribunales de Singapur mantienen un enfoque pro-arbitraje, pero no siempre ejecutan la intención de las partes de arbitrar. En un contrato entre BNB y BNC, los derechos y obligaciones se transfirieron a BNC; el contrato incluía una cláusula arbitral con sede en Shanghái. En 2016, BNA impugnó la competencia del tribunal, argumentando que la ley adecuada al acuerdo arbitral era la ley de Singapur o la ley de China. El Tribunal Superior de Singapur (SGHC) revocó la decisión del *a quo*, confirmando Shanghái como sede y aplicando el enfoque en BCY vs. BCZ.

---

44 *Ibídem*, párr. 65.

45 *Ibídem*, párr. 55.

46 *Ibídem*, párr. 65.

47 *Ibídem*, párr. 74.

48 *Ibídem*, párr. 67.

49 *Ibídem*, párr. 84.

Razonamiento: Elección implícita

La SGCA buscó una elección expresa al principio, pero consideró que la redacción de la cláusula 14.1 no era lo suficientemente específica, por lo que pasó a una elección implícita de la ley.

El SGHC reconoció que la presunción de que la ley del contrato (la de China) incluyera al acuerdo arbitral podría ser desplazada[50]y fue desplazada en este caso debido a varios indicios dentro del caso. Por lo tanto, la presunción se desplazó a la lex fori. Sin embargo, la sede no estaba clara: Singapur o Shanghái.

El SGHC hizo hincapié en la Regla 18.1 del Reglamento SIAC[51], que establece que la sede será Singapur si las partes no llegan a un acuerdo al respecto, a menos que el tribunal considere lo contrario sobre la base de las circunstancias del caso. Sin embargo, la cláusula arbitral preveía el «*arbitraje en Shanghái*», es decir, como sede, y no simplemente como un lugar. La SGCA reconoció que Shanghái como sede podría ser desplazada por indicios contrarios. Sobre la base de ese reconocimiento, BNB argumentó que Shanghái debería ser desplazado porque el material contextual (incluidos los borradores anteriores del contrato y la correspondencia electrónica entre las partes) mostraba que las partes tenían la intención de que su arbitraje se sentara en un foro neutral, a saber, Singapur en lugar de China[52]. Sin embargo, la SGCA se negó a admitir estas pruebas porque contravendrían el principio de interpretación intrínseca de los contratos, por la que se excluye evidencia allende al contrato en sí y que se aplica de acuerdo con la sección 94 del Acta Probatoria[53]. BNB argumentó que el principio de interpretación intrínseca y sus excepciones deberían ignorarse porque «*no se aplica en*

---

50 BNA vs. BNB y otro [2019] SGCA, pág. 84, párr. 64.

51 Reglamento de Arbitraje del Centro de Arbitraje Internacional de Singapur 2013.

52 BNA vs. BNB y otro [2019] SGCA pág. 84, párr. 70.

53 «*Cuando los términos de dicho contrato, concesión u otra disposición de bienes, o cualquier asunto que la ley exija reducirse a la forma de un documento, hayan sido probados de conformidad con el artículo 93, no se admitirá ninguna prueba de ningún acuerdo o declaración verbal entre las partes en dicho instrumento o sus representantes en interés con el propósito de contradecir, variar, agregar o restar de sus términos*».

absoluto a los casos que surgen de un arbitraje»[54]. La SGCA hizo caso omiso al argumento de BNB porque sus «*pruebas solamente se presentaron en la impugnación jurisdiccional ante el Tribunal Superior. No fue una prueba presentada ante el a quo*».[55]

Dado que no había indicios contrarios para desplazar a Shanghái como sede, la SGCA aceptó la ley de China como una opción implícita para la ley del acuerdo arbitral.

En consecuencia, la SGCA carecía de jurisdicción de supervisión, por lo que evitó pronunciarse sobre la jurisdicción del tribunal arbitral y la validez de la cláusula arbitral con arreglo al derecho chino. Simplemente, decía: «*corresponde a las partes decidir qué otras medidas desean adoptar*».[56]

Enka vs. Chubb[57]

Un incendio destruyó una central eléctrica ubicada en Rusia. El propietario de la planta de energía tenía una póliza de seguro con OOO Insurance Company Chubb que cubría el tipo de daño que ocurrió. Una vez que Chubb pagó al propietario bajo la póliza de seguro, Chubb se subrogó en los derechos del propietario. Chubb alegó que Enka, una empresa de ingeniería turca que había diseñado parte de la planta de energía era responsable del incendio y los daños resultantes. Sin embargo, como subrogante, Chubb estaba limitado por los términos del contrato entre el propietario de la central eléctrica y Enka. Ese contrato contenía una cláusula de resolución de disputas que remitía todas las disputas relacionadas con la planta de energía a arbitraje en Londres para ser resueltas de acuerdo con las Reglas de Arbitraje de la Cámara de Comercio Internacional («CCI»).

---

54 BNA vs. BNB y otro [2019] SGCA pág. 84, párr. 75.

55 Ibídem, párr. 78.

56 Ibídem, párr. 102.

57 Enka Insaat Ve Sanayi AS vs. 000 «Compañía de seguros Chubb» [2020] UKSC 38.

Tanto Chubb Rusia como Enka presentaron demandas mutuas en Rusia, Inglaterra y la CCI. Cada procedimiento se refería a la interpretación de la cláusula compromisoria. Ultimadamente, se pidió al Tribunal Supremo del Reino Unido («UKSC») que decidiera qué sistema de derecho nacional (ruso o inglés) regía la validez y el alcance de la cláusula compromisoria cuando la ley aplicable al contrato que la contenía difería de la ley de la sede arbitral.

Enka presentó una demanda ante el Tribunal de Comercio inglés para obligar a Chubb al acuerdo arbitral y a una medida cautelar contra la incoación demanda, pues violaría el acuerdo arbitral. El Tribunal de Comercio inglés rechazó las solicitudes. La Corte de Apelación inglesa admitió el recurso contra el Tribunal de Comercio. La Corte de Apelación emitió una medida cautelar contra las reclamaciones de Chubb en el Tribunal Arbitral de Moscú. Chubb apeló ante el UKSC para atacar la decisión de la Corte de Apelación, que confirmó que la Corte de Apelación estaba en lo correcto al emitir la medida cautelar y que el acuerdo arbitral se regía por la ley inglesa debido a la prueba Sulamérica vs. Enesa.

Sobre la base de ese criterio, la UKSC sostuvo que, el acuerdo arbitral, al carecer de elección expresa de ley que lo rija, la ley del contrato constituye una elección implícita. La elección de una sede no basta para negar la ley del contrato aplicable al acuerdo arbitral[58]. Esta presunción es válida a menos que: a) la ley de la sede disponga otra cosa[59], o b) exista un riesgo significativo de que la cláusula compromisoria quede sin efecto si se rige por la ley del contrato.[60]

---

58 «*La elección de otro país como sede del arbitraje no basta, sin más, para negar la inferencia de que la elección del Derecho aplicable al contrato estaba destinada a aplicarse al acuerdo de arbitraje.*» – párr. 170, fracvs. V).

59 Por ejemplo: Escocia cuyo Ley de Arbitraje, el artículo 6 establece que: «a) las partes en unacuerdo arbitral convienen en que un arbitraje en virtud de ese acuerdo se celebrará en Escocia, pero b) elacuerdo arbitral no especifica la ley que ha de regirlo, entonces, a menos que las partes acuerden otra cosa, elacuerdo arbitral se regirá por la legislación escocesa».

60 Enka Insaat Ve Sanayi AS vs. 000 «Compañía de seguros Chubb» [2020] UKSC pág. 38, párrs. 170 (IV-VI).

Sin ninguna elección de ley que rija la cláusula de arbitraje, la cláusula se rige por la ley con la que está más estrechamente vinculada, que con mayor frecuencia será la ley de la sede porque es un foro neutral, por lo que debe considerarse como las partes que desean sus leyes.[61]

Kabab-Ji vs. KFG[62]

El 16 de julio de 2001, en virtud de un acuerdo de desarrollo de franquicias (FDA), Kabab-Ji (Líbano) concedió una licencia a Al Homaizi Foodstuff Company (Kuwait) para explotar una franquicia utilizando su concepto de restaurante en Kuwait durante diez años. En virtud del FDA, las partes celebraron posteriormente un total de diez acuerdos de franquicia («FOAs») relativos a puntos de venta individuales abiertos en Kuwait. La FDA y las FOA (colectivamente, «Acuerdos de Franquicia»), se regían por la ley inglesa.

En 2005, el Grupo Al Homaizi se sometió a una reestructuración corporativa. Se estableció un nuevo holding llamado Kout Food Group («KFG») y Al Homaizi se convirtió en una subsidiaria de KFG.

El 16 de julio de 2011, en la fecha de terminación de los Acuerdos de Franquicia, las partes no pudieron ponerse de acuerdo sobre la novación y, debido a otras disconformidades relacionadas con el desempeño de los FOAs, el 27 de marzo de 2015, Kabab-Ji inició un procedimiento arbitral contra KFG solo con sede en París y administrado bajo las Reglas de la CCI.

KFG participó en el arbitraje bajo protesta de que no era parte en el acuerdo de arbitraje, por lo que no estaba vinculada por la decisión de los árbitros.

El 11 de septiembre de 2017, el tribunal arbitral dictó el laudo a favor de Kabab-Ji, decidiendo que (1) París fue la sede del arbitraje; por lo tanto, la ley francesa determinó la vinculación de KFG a la cláusula arbitral, mientras que la ley inglesa (la ley del contrato) determinó la ad-

---

61 Enka Insaat Ve Sanayi AS vs. 000 «Compañía de seguros Chubb» [2020] UKSC pág. 38, parr. 170(IV); Petróleo contra PJSC Ukmafta, párr. 70.

62 Kabab-Ji SAL (Líbano) vs. Kout Food Group (Kuwait) [2021] UKSC 48; Cour de cassation 28 septiembre 2022 (nº 20/20260).

quisición de derechos y obligaciones de KFG en virtud de los Acuerdos de Franquicia; (2) KFG formaba parte del acuerdo arbitral con arreglo al derecho francés porque cumplía activamente las obligaciones que contenía a pesar de que KFG no formaba parte formalmente de él; [63] y (3) KFG debe pagar alrededor de 7.000.000 USD de daños y perjuicios.

Tras la publicación del laudo, por un lado, Kabab-Ji solicitó su ejecución en el Reino Unido y, por otro, KFG presentó un recurso de anulación en Francia.

Inglaterra

Los procedimientos en Inglaterra pasaron por el Tribunal de Primera Instancia, el Tribunal de Apelación y la Corte Suprema del Reino Unido.

Tribunal Inferior Inglés

El 29 de marzo de 2019, sir Michael Burton dictó sentencia por la que sostuvo que la ley del acuerdo arbitral rige si KFG es parte del acuerdo. Aquella era la ley inglesa. Bajo la ley inglesa y bajo el Acuerdo de Franquicia, se requiere consentimiento por escrito para incorporarlo y ser parte de la cláusula arbitral en el mismo. KFG no dio su consentimiento por escrito, por lo tanto, no formaba parte de los Acuerdos de Franquicia.[64]

---

[63] El tribunal arbitral estaba dividido al evaluar la pertenencia de KFG al acuerdo arbitral en virtud del derecho inglés. Una postura aseguró que KFG formaba parte de los Acuerdos de Franquicia debidos a la novación por adición, en lugar de sustitución. porque KFG condujo de esa manera (estoppel). Al aplicar la legislación francesa, KFG también formaba parte del Acuerdo de Franquicia. La segunda postura afirmaba que KFG nunca se convirtió en parte del Acuerdo de Franquicia porque cualquier novación estaba expresamente excluida en el mismo.

[64] El tribunal inferior explicó, aunque diferentes, tres conceptos jurídicos esenciales de su razonamiento:
Asignación: No implica la terminación del contrato anterior. A través de ella, los derechos exclusivos del cedente son transferidos, pero no sus obligaciones. Así, su eficacia depende exclusivamente del consentimiento del cedente.

Tribunal de Apelación Inglés

El 20 de enero de 2020, el Tribunal de Apelación inglés dictó una sentencia confirmando la decisión del *a quo.*

Corte Suprema del Reino Unido

La Corte Suprema del Reino Unido confirmó las decisiones judiciales anteriores sobre la ley que rige los acuerdos arbitrales, afirmando que basta con una cláusula general de elección de la ley aplicable. La Corte dictaminó que los árbitros deben obedecer el principio de prueba intrínseca, aplicar la lex mercatoria y la ley nacional si influyen en el acuerdo. La Corte también argumentó en contra del principio de validación y el principio de separabilidad, que KFG argumentó que socavaba la presunción creada por una cláusula general de elección de ley.

Además, la Corte abordó la cuestión de la validez:

> «El principio de validación es un principio de interpretación contractual... No es un principio relativo a la formación de contratos que pueda invocarse para crear un acuerdo que de otro modo no existiría. [65] [Mediante este principio] las disposiciones contractuales, incluida toda disposición sobre elección de la ley aplicable, deben interpretarse de manera que den efecto a la intención presunta de que unacuerdo arbitral sea válido y eficaz, y no que lo frustren o menoscaben.»[66]

En cuanto a el principio de separabilidad, la Corte sostuvo que la jurisprudencia francesa ha pasado de un enfoque de conflicto de leyes a crear «reglas sustantivas de arbitraje internacional» para regir los acuerdos de arbitraje. Estas reglas son su propia creación; así pues, los tribunales franceses determinan la existencia y validez de los acuerdos

---

Novación: Implica la rescisión del contrato y la creación de uno nuevo. A través de ella, tanto los derechos como las obligaciones son transferidos, así que se necesita el consentimiento de todas las partes.

Preclusión: Sus requisitos mínimos se ven en el caso Rock Advertising. Son dos: algunas palabras o conductas representan inequívocamente una variación del pacto a pesar de su formalidad, y la necesidad de algo más que la promesa informal (declaración) en sí misma.

65 *Kebab-Ji vs. Kout Food Group* [2021] UKSC, pág. 48, párr. 51.

66 Ibídem, párr. 49.

de arbitraje basados en el derecho francés, aunque con normas diferentes a las de los contratos nacionales. Esto significa que, con arreglo a la legislación inglesa, cualquier decisión del tribunal francés relativa a la participación de KFG en unacuerdo arbitral con Kabab-Ji no dará lugar a un problema de estoppel. [67] Por lo tanto, dado que el tribunal inglés debe aplicar un sistema jurídico diferente para determinar la cuestión, el tribunal inglés no puede estar vinculado por la resolución del tribunal francés porque el tribunal inglés debe aplicar un sistema jurídico diferente para determinar la cuestión.[68]

Francia

El procedimiento en Francia tuvo lugar en París como sede del arbitraje. El recurso fue interpuesto en la Cour *d'appel* de París y finalmente visto por la *Cour de Cassation.*

París Cour d'Appel

El 23 de junio de 2020 (después de la sentencia del Tribunal de Apelación inglés), la *Cour d'appel* de París emitió su decisión denegando la anulación del laudo (es decir, respaldó la decisión del tribunal arbitral) basada en la independencia de la cláusula arbitral del contrato y la aplicación de la ley francesa a su existencia y validez.

En primer lugar, la *Cour de Cassation* confirmó la decisión del tribunal arbitral sobre la competencia basada en la competencia de los tribunales sede. La *Cour the Cassation* declaró que, dado que París era la sede del arbitraje, los tribunales parisinos eran competentes para evaluar la validez del laudo arbitral. En segundo lugar, dado que los tribunales parisinos tienen jurisdicción para ello, aplicarían el derecho francés y los principios desarrollados por la propia *Cour.* En esa línea, los tribunales franceses consideran una regla sustantiva del arbitraje internacional que la existencia y validez de la cláusula arbitral

---

67 Yukos Capital Sarl vs. OJSC Rosneft Oil Co (n.o 2) [2014] QB, pág. 458, párrs. 150-151, 156.

68 *Kebab-Ji vs. Kout Food Group* [2021] UKSC, pág. 48, párr. 89.

debe apreciarse sin ninguna referencia a ninguna ley nacional, sino solamente a la voluntad común de las partes,[69] así como la cláusula arbitral es independiente del contrato principal (doctrina de separabilidad), por lo que se rige por una ley diferente. [70] En tercer lugar, debido a su existencia y validez se interpreta sujeto a la mencionada ley francesa, al orden público internacional y a la voluntad común de las partes, siendo la ley francesa aplicable a la cláusula arbitral la sede del arbitraje y carece de pruebas proporcionadas por KFG de que la intención de las partes era designar la ley inglesa como la ley aplicable a la cláusula arbitral. En cuarto lugar, con arreglo al Derecho francés, KFG formaba parte de los contratos de franquicia porque cumplía obligaciones contractuales como si formara parte de ellos. [71] Así pues, se desestimó la anulación presentada por KFG por la que argumentaba que no formaba parte del arbitraje ni del laudo.

Insatisfecho, KFG impugnó la sentencia de la Cour *d'appel* ante la *Cour de Cassation.*

Cour de cassation

El 28 de septiembre de 2022, el tribunal dictó sentencia confirmando la sentencia de la *Cour d'appel* de París y su razonamiento.

Anupam Mittal vs. Westbridges[72]

Principalmente, en el caso Mittal vs. Westbridges, el Tribunal de Apelación de Singapur (SGCA) tuvo que decidir cuál ley rige la cuestión de la arbitrabilidad en una etapa previa al laudo. Sin embargo, para resolver totalmente el caso, la SGCA consideró necesario analizar la ley aplicable al acuerdo arbitral, entre otras cuestiones legales.

---

69 Cour d'appel de Paris 23 de junio de 2020 (n°17/22943), párr. 26.

70 Ibídem, párrs. 25, 53 y 54.

71 Ibídem, párr. 30.

72 Westbridges Ventures II Investment Holdings vs. Anupam Mittal [2021] SGHC 244; Anupam Mittal vs.Westbridge Ventures II Investment Holdings [2023] SGCA 1.

A ese respecto, la SGCA dictaminó que la arbitrabilidad en la etapa previa al laudo con sede en Singapur requiere considerar ambas leyes, la delacuerdo arbitral y la de la sede. La conclusión de la SGCA se aparta de las posiciones adoptadas por las principales jurisdicciones, donde solo la ley de sede determina la arbitrabilidad del objeto del asunto. En un enfoque innovador, la SGCA adoptó el «enfoque compuesto» que considera el impacto de la política pública extranjera en la arbitrabilidad de las controversias. El enfoque compuesto establece que, si un acuerdo arbitral no es arbitrable con arreglo al derecho extranjero respectivo, automáticamente pasa a ser no arbitrable en Singapur, a fin de promover la cortesía internacional.

Con respecto a la ley que rige el acuerdo arbitral, la SGCA no fue tan innovadora como con el enfoque compuesto, pero consistente con sentencias anteriores al establecer firmemente que los tribunales de Singapur deben seguir el criterio de 3 etapas establecido en Sulamérica vs. Enesa.

Procedimiento ante el Tribunal Superior

El Tribunal Superior postuló que la cuestión previa que tenía ante sí era: ¿qué ley rige la arbitrabilidad en la etapa previa al laudo? Las respuestas alternativas fueron: a) la ley del acuerdo arbitral[73], y b) la ley de la sede (*in casu*, Singapur).

El Tribunal Superior concedió la medida cautelar suspensiva sobre los procedimientos en la India porque el acuerdo arbitral se incumplió al iniciarse el procedimiento. En su razonamiento, el Tribunal Superior sostuvo que la arbitrabilidad previa al laudo se regía por la ley de la sede, que era Singapur[74]. La misma ley debería aplicarse a las etapas

---

[73] Que podría ser la misma ley de la sede, del contrato, u otra. Supongo que la razón de no considerar la ley del contrato en una primera etapa se debe a la naturaleza del problema, es decir, procesal en lugar de sustantiva. La arbitrabilidad de una controversia es de tipo procesal, por lo que las únicas leyes aplicables posibles son la ley del proceso (vinculada a la sede) o el propio acuerdo arbitral, por lo tanto, su ley aplicable.

[74] En virtud de la legislación india, las controversias estaban comprendidas en el ámbito del acuerdo arbitral.–Puente de Westbridges Ventures II Investment

posteriores al laudo y que la aplicación de la ley de la sede es compatible con el arbitraje internacional.[75]

Dado que el Tribunal Superior optó por la ley de la sede como ley aplicable a las cuestiones de arbitrabilidad, no siguió adelante con el estudio, por lo que no se pronunció sobre la ley aplicable al acuerdo arbitral.

Procedimiento ante el Tribunal de Apelación

Dado que no había precedentes en Singapur relacionados con cuestiones de arbitrabilidad[76], la SGCA tuvo «la *oportunidad de examinar la cuestión y, además, proporcionar alguna orientación sobre qué ley rige un acuerdo arbitral que no contiene una elección expresa de la ley*».[77]

La SGCA resumió los motivos del recurso de casación en cuatro partes. En primer lugar, ¿cuál es la ley que rige las cuestiones de arbitrabilidad? En segundo lugar, ¿cuál es el derecho propio del acuerdo arbitral? En tercer lugar, ¿cuál es la caracterización adecuada de la controversia? En cuarto lugar, si la controversia es arbitrable, ¿debería el tribunal ordenar una suspensión de la medida cautelar por motivos de gestión del caso? Aunque el tribunal abordó todas las cuestiones, para este trabajo, solo se explicará la segunda parte.

Razonamiento sobre el derecho adecuado del acuerdo arbitral

El SGCA siguió la prueba de tres etapas de Sulamérica vs. Enesa. En la primera etapa, la SGCA consideró que el hecho de que el contrato se rija por una ley particular es «*insuficiente para constituir una elección*

Holdings vs. Anupam Mittal [2021] SGHC 244, párr. 23.

75 «*No es deseable que los tribunales de Singapur den efecto a las normas extranjeras de no arbitrabilidad que pueden socavar la política de Singapur de apoyar el arbitraje comercial internacional*». – Puente de Westbridges Ventures II Investment Holdings vs. Anupam Mittal [2021] SGHC 244, párr. 24 c).

76 Anupam Mittal vs. Westbridges Ventures II Investment Holdings [2023] SGCA 1, párr. 3.

77 Anupam Mittal vs. Westbridges Ventures II Investment Holdings [2023] SGCA 1, párr. 3.

expresa de la ley propia del acuerdo de arbitraje»[78]. Así pues, en el caso de la SGHC, «*la elección expresa del Derecho aplicable a unacuerdo arbitral sólo se constataría cuando existiera un texto explícito que lo indicara en términos inequívocos»*[79]. En general, una referencia (como «en todos los aspectos» o «a *todos los efectos»*) en el contrato o en un anexo a la ley aplicable del contrato y su ejecución, no debe interpretarse como una elección expresa del acuerdo arbitral.[80]

En la segunda etapa, (**elección implícita), la** SGCA estableció que:

> «Por *regla general, la elección del Derecho aplicable al contrato principal llevará a un tribunal a considerar que también se aplica la misma ley para regir el acuerdo de arbitraje»,*[81] *«a menos que existan otros factores que indiquen una conclusión diferente. Entre ellas pueden figurar las condiciones del propio acuerdo arbitral o las consecuencias para su eficacia de elegir la ley propia del contrato sustantivo»*.[82]

Complementariamente, la SGCA ignoró el principio de separabilidad como motivo para disminuir la elección general de la ley aplicable al acuerdo arbitral[83] y añadió que la elección de la sede no basta para desplazar la presunción original. La presunción únicamente debería prevalecer si la aplicación de la ley del contrato negara el acuerdo de arbitraje.[84]

---

78 Ibídem, párr. 59.

79 Ibídem, párr. 66.

80 *Ibidem,* párr. 66.

81 *Ibidem,* párr. 67.

82 Sulamérica vs. Enesa, párrafo 26 citado en Anupam Mittal vs. Westbridges Ventures II Investment Holdings [2023] SGCA 1, párr. 67.

83 «*Sin embargo, el concepto de separabilidad en sí mismo simplemente refleja la presunta intención de las partes de que el procedimiento convenido para resolver controversias siga siendo eficaz en circunstancias que hagan ineficaz el contrato sustantivo. Su finalidad es dar efecto jurídico a esa intención, no aislar el acuerdo arbitral del contrato sustantivo a todos los efectos»*.

84 Anupam Mittal vs. Westbridges Ventures II Investment Holdings [2023] SGCA 1, párr. 69.

La SGCA pasó a la tercera etapa, declarando que Singapur tenía la conexión más estrecha y real con el acuerdo arbitral debido a su sede y a la legislación vigente de Singapur.[85]

Resumen

Como se ha visto, la tendencia en el arbitraje internacional sobre cómo decidir los casos en que las partes no asignaron específicamente una ley aplicable al acuerdo arbitral sigue siendo teóricamente una dicotomía, pero pragmáticamente (yo diría) una cuestión resuelta. Algunas jurisdicciones como Francia, Suecia y Brasil se inclinan por aplicar la ley de la sede al acuerdo arbitral, pero el resto de ellas tienen más probabilidades de aplicar la ley del contrato. Además, dicha competencia pro lex contractus ha agravado su razonamiento para aplicar el criterio de los 3 niveles establecido por el Tribunal Inglés en el asunto Sulamérica vs. Enesa. Lo que significa que, si no está ya establecido como lex mercatoria[86], ya debería considerarse como el preludio de una norma internacional. Contrariamente a la postura lex fori que no sólo carece de un reconocimiento más amplio entre los tribunales nacionales, sino que también carece de razones más sólidas que lo respalden, que hasta ahora han sido dadas principalmente por Francia.

Es cierto que la visión general mostrada anteriormente no es completamente exhaustiva, por lo que pueden ser jurisdicciones que más bien siguen la lex fori o incluso una tercera postura[87]. Sin embargo, es importante destacar que son jurisdicciones menores en comparación con las descritas en la lista anterior, especialmente, en comparación con aquellas cuyas decisiones de los tribunales fueron explicadas.

---

85 Ibídem, párr. 75.

86 Alejandro Arias de Luna, *La doctrina del Rebus sic Stantibus en los contratos intenacionales Regidos por la Convención de Viena de 1980* (Tesis de licenciatura, Universidad Panamericana, 2020), pág. 22.

87 Véase Maxi Scherer y Ole Jensen, Of Implied Choices and Close Connections: Two Pervasive Issues Concerning the Law Governing the Arbitration Agreement, pág. 669.

A pesar de la tendencia internacional hacia la lex contractus, considerando que Francia es una de las principales sedes elegidas por las partes[88], que algunas jurisdicciones como Alemania y Austria no han sentado un precedente firme como Inglaterra y Gales y Singapur lo han hecho hacia la lex contractus, y que la doctrina sigue dividida[89], es necesario revisar los argumentos dados por ambas posturas y definir, de una vez por todas, cuál debe ser en el futuro o, incluso, si puede tener lugar una tercera.

2. LA LEY DE LA SEDE

Como se aprecia en la visión global, la primera postura de satisfacción sobre la ley aplicable al acuerdo arbitral es la ley de la sede o lex fori (indistintamente). En consecuencia, las partes adoptaron implícitamente las reglas procesales del lugar donde tiene lugar el proceso arbitral.

Después de analizar los casos mencionados, principalmente el Kabab-Ji vs. KFG resuelto por el tribunal francés, los argumentos que apoyan la opinión de lex fori son cinco: (1) la doctrina de separabilidad, (2) la elección de la sede, (3) la conexión más estrecha con la cláusula arbitral, (4) una regla implícita establecida por la Convención de Nueva York de 1958 y (5) un enfoque «a-nacional» dado específicamente por los franceses. Debido al protagonismo de los franceses en Kabab-Ji vs. KFG y el curioso enfoque dado por los franceses, se abordará primero en las próximas secciones, seguido de los argumentos restantes.

El ENFOQUE «a-nacional» francés

> «En virtud de una norma sustantiva de arbitraje internacional, el acuerdo arbitral es jurídicamente independiente del contrato principal que lo contenga o se refiera a él, y la existencia y validez del acuerdo arbitral deben

---

88 2010 Queen Mary – White & Case International Arbitration Survey: Choices in International Arbitration, pág. 17; 2018 Queen Mary – White & Case International Arbitration Survey: The Evolution of International Arbitration, pág. 9.

89 Véase Katharina PLavec, *The Law Applicable to the Interpretation of Arbitration Agreements Revisited,* University of Vienna Law Review, vol. 4 (2020).

> evaluarse sujeto a las normas imperativas del derecho francés y del orden público internacional basadas en la intención común de las partes sin necesidad de remitirse a ninguna ley nacional».[90]

Esta frase dada por la *Cour de Cassation* francesa en su sentencia sobre Kabab-Ji vs. KFG resume toda la postura del enfoque de lex fori, y puede observarse como la falacia de un enfoque a-nacional.

El supuesto enfoque a-nacional que sostienen los franceses es que es una regla sustantiva del arbitraje internacional, que la validez de la cláusula arbitral se evalúe de forma independiente, es decir, sin referencia a la ley nacional.[91]

La idea detrás de tales reglas sustantivas propuesta por los franceses es buena porque crearía un método de reglas sustantivas para que los jueces y árbitros determinen la ley del acuerdo arbitral que puede aplicarse directamente en lugar de buscar la respuesta en las normas nacionales de conflicto de leyes[92]. Sin embargo, el concepto dado por la *Cour de Cassation* francesa lleva un espíritu francés revolucionario: romántico y desafiante, pero lejos de la realidad. Uno puede preguntarse cuándo se desarrollará una ley uniforme de tal manera que sería innecesario

---

90 Cass 1ère Civs., 28 de septiembre de 2022 (n° 20-20.260), párr. 7.

91 Como recordó acertadamente el tribunal arbitral, que confirmó su competencia para conocer las demandas contra KFG, los árbitros tenían que «aplicar principalmente la ley francesa para determinar si tiene jurisdicción sobre el demandado, ya que la validez del laudo arbitral en este caso depende de la ley que prevalezca en la sede del arbitraje. Cualquier acción de la Parte perdedora para anular el laudo arbitral caería dentro de la jurisdicción del Tribunal de Apelación de París y ese tribunal aplicaría la ley francesa sobre este tema, es decir, los principios desarrollados por el *Cour de Cassation per se.* Estos órganos jurisdiccionales consideran como norma sustantiva del arbitraje internacional que la existencia y la validez de una cláusula compromisoria deben evaluarse sin ninguna referencia a ninguna ley nacional, sino únicamente en lo que respecta a la voluntad de las partes a la luz de todas las circunstancias del caso.» Cass 1ère Civs. 28 de septiembre de 2022 (n° 20-20.260), párr. 26].

92 Ch. Seraglini, J. Ortscheidt, 'Droit de l'Arbitraje Interne et International', (2da ed., LGDJ 2019), apartado 591, **en** Aija Lejniece, 'Idealismo francés vs. pragmatismo inglés: los finales alternativos de la saga Kout Food', (Revista del Club English del Arbitraje – 47/2013), pág. 145.

ver cualquier sistema nacional al resolver un caso. Hasta ahora, no es el caso.

Contrariamente a lo que Maxi Scherer y Ole Jensen concluyeron en su investigación más reciente[93], el enfoque francés es en realidad nacionalista extremo. Lo que hicieron los tribunales franceses fue, en primer lugar, disociar la cláusula arbitral de todo tipo de derecho, sólo para finalmente aplicar el derecho francés disfrazado con el argumento de que es «derecho internacional sustantivo».

La *Cour de Cassation* pretendió aplicar un sistema internacional, pero terminó aplicando la ley francesa. En primer lugar, abstrajo la cláusula arbitral del contrato basándose en una versión extrema de el principio de separabilidad, de modo que su existencia y validez podrían evaluarse utilizando normas de derecho francés y de orden público internacional (de nuevo, un concepto desarrollado por el mismo tribunal).

En segundo lugar, la *Cour of Cassation* no sólo abandonó un enfoque de conflicto de leyes consistente en seleccionar una ley nacional que rija la existencia y validez del acuerdo arbitral y creó «reglas sustantivas de arbitraje internacional» para regular la cuestión, sino que también creó una «regla supletoria» consistente en que, en ausencia de elección de las partes, la ley de la sede arbitral regirá su validez[94]. Al hacerlo, la *Cour de Cassation* ignoró la elección general de la ley hecha por las partes (ley inglesa) basada en la mera elección de la sede, sin explicar más detalladamente cómo prevalece esa elección sobre la elección anterior (la ley del contrato).[95]

---

93 Maxi Scherer y Ole Jensen, 'Towards a Harmonized Theory of the Law Governing the Arbitration Agreement', 10(1) Indian J. Arb. L. 1 (2021), pág. 2.

94 "*Del mismo modo, KFG no proporciona pruebas de ninguna circunstancia que pueda establecer inequívocamente la voluntad común de las partes de designar la ley inglesa como que rige la validez, transferencia o extensión de la cláusula de arbitraje, cuyo estatus legal es independiente del de los Acuerdos.*".–Cass 1ère Civs. 28 Septiembre 2022 (n° 20-20.260), párrafo 30. Con esta declaración, el Tribunal da a entender que se necesitan pruebas para socavar la presunción del asiento. Al utilizar la palabra «inequívocamente», la Corte fijó el umbral en su punto más alto. Francés *Cour de Cassation* subraya la independencia de la cláusula compromisoria y exige la expresión inequívoca de la voluntad de las partes.]

95 "[T]*La elección del Derecho inglés como ley que rige los contratos* [...] *no es suficiente para establecer la voluntad común de las partes de someter la eficacia delacuerdo arbitral*

Por lo tanto, la *Cour de Cassation* declaró que la validez del laudo arbitral está sujeta a la ley de la sede (Francia) y los tribunales franceses aplican la ley francesa y los principios desarrollados por la propia *Cour de Cassation.* [96]

De esa manera funciona la falacia francesa de un enfoque a-nacional. En palabras de Lord Mance citadas por el UKSC:

> «[L]as reglas sustantivas de arbitraje internacional que aplican los tribunales franceses son reglas de su propia creación, la realidad es que los tribunales franceses resuelven las cuestiones sobre la existencia y validez de una cláusula arbitral internacional por referencia al derecho francés (aunque las normas de derecho francés difieren de las aplicables a los acuerdos internos)».[97]

Entendiendo el principio de separabilidad

No sólo visto entre los tribunales franceses, sino también en la doctrina, un argumento común es la invocación del principio de separabilidad para defender la postura de lex fori. Sin embargo, el principio de separabilidad no debe estar entrelazado con la cláusula arbitral porque tal principio no tiene nada que ver con un instrumento de elección de ley regente, sino con la validez de la cláusula arbitral.

El principio de separabilidad está reconocido en todos los territorios enlistados en este trabajo (ver *supra*), por lo que es indiscutible que es un estándar internacional. No obstante, la interpretación dada por el tribunal francés se sacó de contexto y lo convirtió en un principio absoluto que emancipa la cláusula arbitral del contrato subyacente en todas las circunstancias. Esta interpretación es errónea.

Es cierto que el principio de separabilidad establece que, independientemente de la ubicación física del acuerdo arbitral (ya sea escrito dentro del contrato como una cláusula – como la mayoría de los casos

---

a la ley inglesa, en derogación de las reglas sustantivas de la sede del arbitraje expresamente designadas por los contratos."–Cass 1ère Civs. 28 Septiembre 2022 (n° 20-20.260), párr. 8.

96 C1ère Civs. 28 Septiembre 2022 (n° 20-20.260), párr. 26.

97 Kabab-Ji vs. KFG [2021] UKSC, párr. 89.

en la práctica –[98] o en un documento separado), es un acuerdo jurídicamente independiente del contrato subyacente[99]. Empero, esta definición no debe interpretarse exegéticamente, sino teniendo en cuenta su razón de ser. A saber, que la intención de las partes es resolver sus controversias mediante arbitraje, lo cual se velaría si estuviera en juego la validez del contrato[100], incluyendo su cláusula de resolución de disputas. Por lo tanto, el principio de separabilidad preserva el poder del tribunal para resolver la disputa material en caso de que se anulare el contrato fundacional.[101]

La diferencia podría ser fina y prácticamente inexistente, pero es crucial entender que el principio de separabilidad no entraña ningún derecho ni obligación allende la protección de la cláusula arbitral contra la nulidad del contrato subyacente.

Como explicó la Secretaría de la CNUDMI[102]:

> «La separabilidad significa que una cláusula compromisoria se tratará como un acuerdo independiente de los demás términos del contrato. En consecuencia, la decisión del tribunal arbitral de que el contrato es nulo y sin efecto no entrañará *ipso iure* la nulidad de la cláusula compromisoria».

---

98 Julian D.M Lew, Loukas A. Mistelis y Stefan M. Kröll, 'Comparative International Commercial Arbitration' (Kluwer Law International 2003) pág. 102.

99 Cass Civs. 1, 28 de septiembre de 2022 (no. 20/20260); Emmanuel Gaillard y John Salvaje *Fouchard, Gaillard, Goldman en Internacional Arbitraje Comercial* (Kluwer Law International 1999) ¶ 212; Gary B. Born, *Arbitraje Comercial Internacional* (3ra ed., Kluwer Law International 2021) 535 y 510; Gary B. Born, 'The Law Governing International Arbitration Agreements: An International Perspective' [2014] 26 SAcLJ 814, 832.

100 Ian Glick y Niranjan VenKatesan, 'Towards a Harmonized Theory of the Law Governing the Arbitration Agreement' en Katharina Plavec, 'The Law Applicable to the Interpretation of Arbitration Agreements Revisited' (2020) 4 VLR 82, 101; Gary B. Born, International Commercial Arbitration (3ra ed., Kluwer Law International 2021) pág. 542; Sulamérica vs. Enesa, párr. 11; Enka vs. Chubb, párrs. 95-109; Kabab-Ji vs. KFG párrs. 49-53.

101 Al igual que el principio de competencia de la competencia que faculta al tribunal para resolver el caso presentado por las partes.

102 Nota explicativa de la secretaría de la CNUDMI sobre la Ley Modelo de 1985 sobre Arbitraje Comercial Internacional, enmendada en 2006, art. 4(a) (énfasis añadido).

De este modo, el principio de separabilidad no guarda relación alguna con la ley aplicable a la cláusula arbitral. Sin embargo, como en cualquier otro asunto adjetivo en el arbitraje internacional, está sujeto a la autonomía de las partes. Esto significa que la ley de la cláusula arbitral no es necesariamente la misma que la ley del contrato sustantivo[103] y puede regirse por diferentes cuerpos legales[104] si las partes lo desean. Siendo ese el caso, las partes deben especificarlo.[105]

En la práctica, dado que «*las partes rara vez son conscientes del principio de separabilidad al celebrar un* contrato»[106], no hacen ninguna distinción entre la ley del contrato y la ley de la cláusula arbitral, lo que implica que desean que la misma se aplique a ambas.[107]

La sede arbitraje

Tal vez el argumento más fuerte y utilizado a favor de la postura de lex fori sea la elección de la cláusula arbitral como una elección implícita de la sede. A pesar de ello, es el argumento menos explorado. La elección de la sede podría ser convincente en cuanto a la intención de las partes porque es una estipulación[108]. Sin embargo, antes de ase-

---

103 BNA vs. BNB [2019] SGHC, párr. 17(e); Laudo interion del caso CCI no. 4131(1984) IX YB COM ARB 131.

104 Laudo final del caso CCI no. 1507 en Sigvard Jarvin & Yves Derains (eds.), *Collection of ICC Arbitral Awards 1974-1985* (Kluwer Law International 1990) 216; Sulamérica Cia Nacional de Seguros SA vs. Enesa Engenharia SA [2012] EWCA Civ 638, párr. 11; Laudo final del caso CCI no. 3572 (1989) XIV YB Com Arb 111.

105 Dmytro vs. Vorobey, 'CISG and Arbitration Clauses: Issues of Intent and Validity' (2013) 31 JLC 136, 141; Manja Epping, *Die Schiedsvereinbarung im internationalen privaten Rechtsverkehr nach der Reform des deutschen Schiedsverfahrensrechts* (Beck 1999), pág. 51.

106 Gary B. Born, International Commercial Arbitration (3ra ed., Kluwer Law International 2021) 590; Paul A. Gélinas, 'Arbitration Clauses: Achieving Effectiveness' en Albert van den Berg (ed.), *Improving the Efficiency of Arbitration Agreements and Awards. 40 Years of Application of the New York Convention. ICCA Congress Series No 9* (1999) 50.

107 BNA vs. BNB [2019] SGHC, párr. 17(e).

108 Los casos en los que no hay acuerdo sobre la sede o se define ulteriormente que están fuera del alcance de este trabajo.

gurar que el consentimiento otorgado sobre la sede arbitral abarca la ley aplicable a la cláusula arbitral, se debe analizar la extensión de ese consentimiento.

Consentimiento de las partes

Los defensores de la lex fori alegan que «*[l]a elección de una sede específica del arbitraje indica que las partes han decidido conscientemente llevar a cabo su arbitraje en una jurisdicción específica. Esta elección nada más y nada menos que una elección de ley, ya que las partes eligen un determinado sistema legal*».[109]

Aunque la proposición anterior parece válida, si uno presta atención a su estructura, no hay vínculo entre el consentimiento de la elección de la jurisdicción (sede) y la elección de la ley. Para aquellos que no están familiarizados con los elementos de la argumentación, cada argumento requiere, al menos, dos premisas antes de llegar a la conclusión. Esta proposición carece de la segunda premisa y, sin embargo, propone una conclusión. Esto se llama falacia.

Para entender por qué no existe un vínculo entre la elección de la sede y el derecho aplicable a cláusula arbitral, uno debe identificar los dos consentimientos diferentes necesarios.[110]

---

109 Katharina Plavec, 'La ley aplicable a la interpretación de los acuerdos de arbitraje revisada' (2020) 4 VLR 82, 105; Klaus Peter Berger, «Reexaminar el acuerdo de arbitraje: ley aplicable–Consenso o ¿Confusión? en Albert Jan van den Berg, *Arbitraje Internacional 2006: ¿Vuelta a lo básico?* (2007) 13 Congreso ICCA 301, 320; Laudo 6149/1990 de la CCI; Laudo ICC 6719/1994; Gary B. Nacido, *Arbitraje Comercial Internacional* (3° edn, Kluwer Law International 2021) 1051.

110 Para los alemanes y, tal vez, franceses, esta distinción sería fácil ya que es parte de lo que los primeros llaman "*Rechtsgeschäftstheorie*" y este último "*Théorie de L'Act Jurídica*". Ninguno de estos conceptos forma parte del sistema de common law, sino que refleja con precisión las conductas separadas e individuales realizadas por una persona, cuyas consecuencias jurídicas no son necesariamente las mismas. Para la facilidad de entender esta sección, en lugar de usar las palabras originales, ya sea *Rechtsgeschäft* o actuar Jurídica- los sustituiremos por la palabra «consentimiento» en inglés.]

Por un lado, existe el consentimiento de las partes sobre la sede del arbitraje (competencia territorial). Y, por otro lado, existe el consentimiento de las partes sobre la ley específica que rige la cláusula arbitral. El conocido concepto de «autonomía de las partes» significa que el consentimiento no puede ser tomado, sino que debe ser dado.

Por lo tanto, si las partes eligen una sede arbitral, el único consentimiento dado es para que ese territorio sea la sede legal. Falta el consentimiento sobre la ley de ese lugar para regir la cláusula arbitral.

Habiendo hecho esa distinción y volviendo a la proposición original de los defensores de la lex fori, lo que falta constantemente cuando se argumenta que la elección de la sede conduce automáticamente a su ley para regir la cláusula arbitral, es el vínculo entre ambos consentimientos. En pocas palabras, ¿por qué el primer consentimiento (el de la sede) implicaría el segundo consentimiento (el de su ley)? Dado que ni los tribunales franceses ni los defensores de la lex fori no dan esas razones, puedo dilucidar los posibles motivos para ello, a saber: el consentimiento sobre la sede implica el consentimiento sobre su ley si las partes asumen (1) consciente o (2) necesariamente las consecuencias de elegir esa sede.

Aceptación consciente de la ley del asiento

Entre los usuarios de arbitraje internacional no hay una única razón para elegir una sede determinada, sino que esas razones cambian con el tiempo[111]. Por lo tanto, confiar en un criterio fijo probablemente conducirá a una falsa apreciación de los motivos que las partes tuvieron al elegir la sede. A tal fin, debe llevarse a cabo un análisis casuístico. Sin embargo, la pista es clara: si se puede probar que las partes eligieron la sede teniendo en cuenta su ley en cuanto a la cláusula arbitral, entonces el consentimiento de la sede implica el consentimiento en su ley. Cualquier otro motivo para elegir ese asiento sería, en principio, insuficiente

---

[111] Queen Mary Survey 2010; White & Case and Queen Mary University of London, *2015 Improvements and Innovations in International Arbitration* (2015) (Queen Mary Survey 2015); White & Case and Queen Mary University of London, *2018 International Arbitration Survey: The Evolution of International Arbitration* (2018) (Queen Mary Survey 2018).

para inferir que el consentimiento de la sede implica el consentimiento de la ley arbitral.

Adopción necesaria de la ley de la sede

El consentimiento de la sede puede llegar al consentimiento de su ley si la mera elección de la sede conduce necesariamente a la aplicación de su ley, es decir, la ley lo impone. Esto significa: la lex fori se aplica directamente si la ley de la sede prevé la aplicación automática de su ley al elegirla como sede del arbitraje.

En conclusión, además de esas dos razones enlistadas, no hay razones para inferir que la mera elección de la sede implique la aquiescencia de su ley. Por lo tanto, en menester comprobar casuísticamente al menos una de ellas para ligar la mera elección de la sede con la aplicación de su derecho.

La norma «implícita» de elección del Derecho aplicable de la Convención de Nueva York de 1958

> Artículo V(1)(a) – «Sólo se podrá denegar el reconocimiento y la ejecución de la sentencia [...] si dicho acuerdo no es válido en virtud de la ley a que las partes lo han sometido, o si nada se hubiera indicado a este respecto, en virtud de la ley del país en que se haya dictado la sentencia».

La razón final dada por los defensores de la lex fori es la alineación con la Convención de Nueva York de 1958. Afirman que su artículo V(1)(a) contiene una norma supletoria. Sin embargo, esa proposición ignora la regla de interpretación más lógica: la textual. El artículo mencionado no proporciona una regla imperativa, sino una regla supletoria. La norma principal es la autonomía de las partes, es decir, la ley aplicable es aquella «*a la que las partes la sometieron*». La regla supletoria, la que se refiere al lugar «*donde se dictó el laudo*» gana fuerza a falta de elección de las partes o «*cualquier indicación al respecto*». Esta cuestión ya fue aclarada por el UKSC en su sentencia sobre Kabab-Ji vs. KFG[112] al afirmar que «la *palabra 'indicación' significa que algo menos que un acuerdo expreso y específico*

[112] *Kebab-Ji vs. Kout Food Group [2021] UKSC 48,* párr. 33.

será suficiente», lo que significa que no existe tal regla automática, implícita o por defecto dentro del texto de la Convención de Nueva York de 1958, al menos no favoreciendo la lex fori. Por el contrario, favorece la autonomía de las partes, incluso cuando no hay una expresión clara de la intención, pero cualquier indicación en el acuerdo basta para considerar válida dicha intención.

Resumen

La proposición que apoya la postura de la ley de la sede es endeble. Los tribunales franceses demostraron que tal enfoque «a-nacional» es inexistente, y más bien sigue un enfoque común de lex fori que se basa en el principio de separabilidad y una argumentación inconclusa de elección de la sede. A través del principio de separabilidad, esta postura pretende separar completamente el acuerdo arbitral del contrato principal, independientemente del propósito original del principio de separabilidad, que es salvar la cláusula arbitral de la anulación del contrato principal. Del mismo modo, el enfoque de la lex fori establece que el mero hecho de que las partes elijan una sede arbitral implica que elijan su ley para gobernar la cláusula arbitral, pero carece de argumentos completos para sostener esa afirmación. Sin embargo, se dieron algunas posibles razones para ese vínculo como un intento de dar sentido a la postura de lex fori.

3. LEX CAUSAE

> «Desde hace mucho tiempo se ha reconocido que, en principio, el derecho propio de un acuerdo arbitral que a su vez forma parte de un contrato sustantivo puede diferir del contrato en su conjunto, pero probablemente sea justo partir del supuesto de que, a falta de indicación en contrario, las partes pretendían que toda su relación se rigiera por el mismo sistema jurídico.»[113]

---

113 Sulamérica CIA Nacional de Seguros SA vs. Enesa Engenharia SA [2012] EWCA Civs. 638, párr. 11.

La cita anterior de la EWCA (England and Wales Court of Appeal) en el caso emblemático Sulamérica vs. Enesa refleja cómo debe abordarse la cuestión de la ley aplicable a la cláusula arbitral.

Una vez analizada la postura lex fori, se resuelve la cuestión de qué ley debe regir la cláusula arbitral: la lex contractus. Sin embargo, tampoco debe darse por sentado. Las razones que apoyan la ley del contrato o lex contractus (indistintamente) se dan en esta sección.

En primer lugar, existe una diferencia entre evaluar la ley aplicable a una cláusula arbitral y a un convenio arbitral[114]. De este modo, el SGHC (Singapore High Court) sostuvo en su sentencia del caso BCY vs. BCZ que, para cláusulas arbitrales (dentro del contrato origen), «*la ley aplicable del contrato principal es un fuerte indicador de la ley aplicable al acuerdo de arbitraje, a menos que haya indicios en contrario*».[115] A la inversa, para los convenios arbitrales (separados del contrato origen), la ley de la sede sería el indicador principal.

La postura lex contractus propuesta en esta obra se refiere exclusivamente al primer caso, en el que el acuerdo arbitral es una cláusula del contrato; El otro caso está fuera del alcance de este trabajo.

Siguiendo la línea argumentativa de los tribunales ingleses y singapurenses, la postura lex contractus aboga por aplicar la ley del contrato a la cláusula arbitral como regla supletoria, a menos que se presenten indicios contrarios en cada caso.

La regla propuesta en este trabajo no sólo sigue los argumentos dados por los tribunales mencionados, sino que también agrega un par de elementos innovadores que darán más sentido a por qué la postura de lex contractus debe considerarse como el estándar internacional al evaluar la ley aplicable a la cláusula arbitral. Los argumentos extraídos de la decisión de los tribunales pueden fusionarse en el resultado de la prueba de 3 niveles de Sulamérica vs. Enesa y su conformidad con la Convención de Nueva York de 1958. Además, los nuevos elementos que integran este punto de vista son el aforismo latino *ubi lex non distinguit, non distinguere debemus,* y las reglas OPI y SPE (explicados más adelante).

---

114 Véase *supra,* n.p. 43, donde la diferencia se explicó.

115 *BCY vs. BCZ* [2016] SGHC 249, párr. 65.

La prueba de 3 niveles y la Convención de NY de 1958

Siguiendo el criterio de los tribunales ingleses y de Singapur, el punto de partida de la lex contractus como regla por defecto es la prueba de 3 niveles establecida en primer lugar en Sulamérica vs. Enesa consistente en una elección expresa o implícita de las partes y, en su defecto, buscar la ley con la conexión más estrecha y real. En ese orden de ideas, la postura lex contractus no se basa en la primera etapa sino en la segunda: la elección implícita. Es evidente que, al tratarse de una elección expresa de las partes con respecto a la ley que rige la cláusula arbitral, cualquier análisis adicional es superfluo.

Aunque una cláusula general de elección del derecho aplicable «*también podría considerarse una elección expresa, si se considera que la cláusula compromisoria es simplemente uno de los derechos y obligaciones asumidos por las partes en su contrato, que se rige por la ley que rige ese contrato*»[116], este trabajo asume una postura un tanto menos controversial y esgrime que la lex contractus se sitúa en la segunda etapa del criterio, esto es, como una elección implícita.

Esta elección implícita se basa en la idea de que una cláusula general sobre el derecho aplicable es una manifestación suficiente de la intención de las partes para que la inclusión misma de la cláusula compromisoria en el contrato indique la intención de las partes de tener la misma ley aplicable. [117] Cuando las partes indican que el contrato está sujeto a una determinada ley, se refieren al contrato principal[118] y a la cláusula arbitral.

Ahora, como se presentó anteriormente y en la sección anterior de este trabajo, este criterio de elección implícita está alineado con el texto de la Convención de Nueva York de 1958. Está bien explicado por el UKSC:

> «Una vez que se acepta que no se requiere un acuerdo expreso sobre la ley que ha de regir el acuerdo arbitral y que bastará con cualquier forma

---

116 Nigel Blackaby y otros, *Helecho rojo y Hunter sobre Arbitraje Internacional* (Oxford University Press 2015) 158, refiriéndose a *Sulamérica contra Enesa* [2012] EWCA Civs. 638, 11.

117 Lew/Mistelis/Kröll, pág. 120.

118 Enka vs. Chubb, párr. 107; Sonatrach vs. Ferewell, párr. 32.

> de acuerdo, parece difícil resistirse a la conclusión de que una cláusula general sobre la ley regente en un contrato escrito que contenga una cláusula compromisoria será normalmente una «indicación» suficiente de la ley a la que las partes sometieron el acuerdo de arbitraje.»[119]

Sin embargo, una crítica a ese pronunciamiento se hace sobre la duda de que «*las partes realmente hayan entendido que su elección general de la ley aplicable también repercutiera sobre su acuerdo arbitral.*» [120] Es

En relación con esa crítica, es importante destacar que las partes típicamente no dimensionan el alcance de su decisión, allende lo que un comerciante común entiende o pretende cuando negocia las cláusulas de un contrato comercial. Es precisamente el fin de una cláusula amplia, esto es, que cubra todos los asuntos imprevistos por las partes en ese momento. Confían en lo que conocen. Típicamente, desconocen cuán importante y complicada es la cláusula arbitral.

Además, se plantea la cuestión de si la cláusula sobre resolución de disputas o ley aplicable fue elegida conscientemente por las partes o fue una de esas ocasiones en las que se le hizo honor a los apodos «cláusulas de medianoche» o «cláusulas champán»[121] con los que se les designa coloquialmente.

Aunque suene tentador el cliché de la cláusula champán como prueba de que las partes no concientizan su estipulación, tal presunción no es suficiente para cuestionar su validez, de lo contrario, la misma presunción pondría en duda cualquier otra cláusula del contrato, lo que devendríalo inoperante. Por el contrario, debemos suponer que las partes prestaron la misma atención a esa cláusula que a cualquier otra del contrato, a menos que haya prueba en contrario.

Ahora bien, incluso si las partes prestaron menos atención a la cláusula arbitral que al resto del contrato, ello no significa que su voluntad

---

119 Kebab-Ji vs. Kout Food Group [2021] UKSC 48, párr. 35 (sin cursivas en el original).

120 Maxi Scherer y Ole Jensen, Of Implied Choices and Close Connections: Two Pervasive Issues Concerning the Law Governing the Arbitration Agreement, pág. 675-6.

121 Ibidem, pág. 676.

pueda ser suplantada. A la inversa, esa voluntad debe ser respetada y *ubi lex non distinguit, nec non distinguere debemus,* para bien y para mal.

Ubi Lex Non Distinguit, Nec Non Distinguere Debemus

Un principio elemental en la interpretación legal, sin embargo, ignorado hasta ahora: «*ubi lex non distinguit, nec nos distinguere debemus*». Este aforismo significa que donde la ley no hace una distinción, uno no debe distinguir. En el derecho contractual, dado que la autonomía de la voluntad es la ley primordial, corresponde a las partes aclarar su intención; de lo contrario, debe presumirse que esa «falta de aclaración» fue a propósito.

En ese sentido, en el asunto Enka vs. Chubb, por ejemplo, la Corte Suprema del Reino Unido explicó congruentemente por qué la lex causae se aplica a la cláusula arbitral. La Corte apoyó su posición con la idea de que, cuando las partes no hacían una distinción entre la ley del contrato y la ley particular de la cláusula arbitral, entonces esperaban que su contrato se rigiera por el mismo cuerpo de leyes.

El principio de validación

Este principio debe considerarse como una desviación de la norma estándar lex contractus. Sería impensable que las partes eligieran conscientemente una ley que niegue un acuerdo previo: el acuerdo para arbitrar sus disputas. Del mismo modo, si la decisión fuere inconsciente, es decir, que las partes no pensaren en la repercusión de su elección de ley (y esta pudiera devenir inválida), entonces es trabajo de los árbitros que desentrañen la verdadera intención de las partes de las menudencias en las que las partes no repararon.

Mediante el principio de validación, «*las disposiciones contractuales, incluida toda disposición sobre la elección de la ley aplicable, deben interpretarse en el sentido de dar efecto a la presunta intención de que un acuerdo arbitral sea válido y eficaz, y no de frustrar o socavar*»[122]. De lo contrario, sería ilusorio

122 *Kebab-Ji vs. Kout Food Group* [2021] UKSC 48, párr. 49.

que hubieran elegido una ley ineficiente[123] porque las partes no celebran acuerdos para que sean invalidados por una elección implícita del derecho aplicable o una «norma de conexión más estrecha».[124]

Complementariamente, a la visión doctrinal, la Cámara de los Lores inglesa declaró que:

> «Es más razonable sostener que las partes contrataron con la intención común de dar pleno efecto a cada cláusula, en lugar de mutilar o destruir una de las disposiciones más importantes».[125]

Por lo tanto, el principio de validación debe considerarse como una desviación de la norma estándar lex contractus, que se aparta de la autonomía de las partes manifestada sobre el deseo de que las controversias se resuelvan mediante arbitraje. Esta opinión está en consonancia con la SGHC, que explicaba que la posición supletoria de lex contractus sólo debería desplazarse si sus consecuencias «*anularan el acuerdo arbitral, aunque las propias partes hayan manifestado una clara intención de estar obligadas a arbitrar sus controversias*». En tales circunstancias, la ley de la sede regiría el acuerdo arbitral.[126]

Aunque no necesariamente visto cómo se explica aquí, el principio de validación ya se ha utilizado en diferentes jurisdicciones como Reino Unido[127], Austria[128] y Alemania[129], por lo que ya forma parte de la jurisprudencia internacional.

---

123 Christian Koller, Muere 'Schiedsvereinbarung' en Christoph LiebscherPaul Oberhammer y Walter H Rechberger (eds), Schiedsverfahrensrecht I, vol I (Verlag Österreich 2012).

124 Gary B. Born, 'The Law Governing International Arbitration Agreements: An International Perspective' [2014] 26 SAcLJ 814, 55.

125 Hamlyn & Company vs. Talisker Destilería y otros [1984] UKHL 642, 215.

126 BCY vs. BCZ [2016] SGHC 249, párr. 74.

127 Sulamérica vs. Enesa [2012] UKSC.

128 Oberste Gerichtshof 19.12.2018, 3 Ob 153/18y. En el presente asunto, el Tribunal de Justicia sostuvo que ese tipo de litigio era particularmente polémico ("*Besonders umstritten*") y es por eso que la ley aplicable a la cláusula arbitral debe ser evaluado caso por caso. Este criterio en la práctica de la ley austriaca es la fuente de no tener posturas fijas hacia el tema.

129 BGH 28.11.1963, VII ZR 112/62. Allí, el BGH, al igual que el Tribunal Supremo austriaco, decidió seguir una postura (la lex fori) pero declaró que no

CONCLUSIÓN

La tendencia internacional favorece el enfoque de la lex contractus, especialmente desde los casos recientes en Inglaterra y Singapur. Hay una parte de la comunidad internacional encabezada por Francia que se adhiere a la lex fori. Sin embargo, los argumentos dados no son convincentes. Por el contrario, las posturas lex contractus tienen elementos más fuertes para mantenerse. Estas se basan en la idea de que una cláusula general sobre la ley aplicable es una elección implícita de la ley aplicable a la cláusula arbitral. Asimismo, tal elección de ley no debe sobreinterpretarse y complicarse, sino que debe arreglarse al aforismo latino *ubi lex non distinguit, nec non distinguere demebus.* Sin embargo, los indicios contrarios pueden desplazar esa presunción *iuris tantum,* como el hecho de que una ley supletoria puede anular el acuerdo arbitral. Siendo así, la autonomía de las partes debe preservarse aplicando una ley diferente para apreciar la existencia y validez de dicha cláusula.

---

debería ser necesariamente el mismo en todos los casos, lo que implica que los diferentes enfoques son acorde con la legislación alemana.

¿Obstáculo u oportunidad? La prejudicialidad en el arbitraje internacional, un análisis crítico

RODRIGO ANDRÉS FREITAS CABANILLAS

(Perú)

Resumen de la investigación:

En ocasiones, la falta de regulación de ciertas figuras jurídicas puede generar incertidumbre entre los involucrados en un arbitraje. La situación se vuelve más preocupante cuando su inadecuada aplicación afecta negativamente la garantía de una tutela jurisdiccional efectiva para las partes involucradas en el arbitraje.

Ello es justamente lo que ocurre con la prejudicialidad, que sin lugar a dudas es una herramienta muy útil que tiene como propósito asegurar la coherencia y unidad en el ordenamiento jurídico, al obligar a los tribunales a esperar la decisión de otro órgano sobre la validez de una norma o un hecho antes de resolver el fondo del asunto. Sin embargo, la mayoría de las leyes de arbitraje no regulan esta figura.

Por consiguiente, es imprescindible entender plenamente la relación existente entre la prejudicialidad y el arbitraje, y no solo ello, sino que el artículo también sugiere la necesidad de establecer criterios unificados que mejoren su aplicación, ofreciendo lineamientos base para los actores del arbitraje. Además, se busca respetar los principios fundamentales de ambas figuras, rentabilizando el máximo provecho de esta relación.

TABLA DE CONTENIDOS

1. INTRODUCCIÓN

¿Qué tienen en común las decisiones de un árbitro y las de un juez penal? comparten un objetivo común: emitir una decisión justa y equitativa, aunque sus métodos para lograrlo difieren. Mientras que el juez penal utiliza diversas técnicas y herramientas para la investigación de los hechos imputables detrás de un delito, el árbitro se basa en los hechos y pruebas presentadas por las partes involucradas en una disputa contractual. Aunque sus roles son distintos, a veces las decisiones tomadas en un proceso pueden afectar el resultado del otro, lo que se conoce como prejudicialidad.

Dentro de un proceso, las partes tienen derecho a recibir decisiones coherentes y congruentes, esto significa que las decisiones tomadas por diferentes tribunales no pueden ser contradictorias entre sí, sino que deben estar basadas en los mismos hechos y fundamentos jurídicos; precisamente por ello, el Árbitro puede enfrentar cuestiones, cuya solución, influyan en la solución final de otro proceso.

Siendo esto parte de la tutela jurisdiccional efectiva, es fundamental garantizar la seguridad jurídica y la confianza de las partes en el sistema de justicia. Y es que, si se produce una contradicción entre las decisiones de distintos órganos, se puede generar una incertidumbre jurídica y un escepticismo en el sistema, por lo que es importante que los tribunales y árbitros respeten este derecho y emitan decisiones coherentes y consistentes.

En este contexto, es relevante comprender cómo la prejudicialidad puede afectar el arbitraje y cómo se pueden abordar estas cuestiones para garantizar que no se convierta en un obstáculo para las partes involucradas. Pues, a pesar de los muchos beneficios que ofrece el arbitraje, existen ciertos desafíos que pueden surgir durante el proceso, que consideramos deben ser vistos como una oportunidad para encontrar una decisión justa.

El primer y gran desafío que se presenta es la falta de regulación de la prejudicialidad en las leyes de arbitraje. El no tener una norma expresa, puede generar que las partes y los árbitros actúen bajo incertidumbres y afecte el proceso, por lo que, es importante abordar esta cuestión a través de una perspectiva integradora que considere otros campos del derecho.

Y es que, dentro del entorno del arbitraje, la prejudicialidad puede manifestarse de varias maneras. Por lo mismo, en este ensayo, se explorará la concepción de esta figura y se examinarán experiencias internacionales para abordar una serie de interrogantes que pueden ayudar a proporcionar criterios en el uso adecuado de la prejudicialidad en relación con el arbitraje y su desempeño en otras jurisdicciones.

2. LA PREJUDICIALIDAD: CAUSA Y EFECTO

Los administradores de justicia cuentan con un poder constitucional denominado potestad jurisdiccional, con el fin de mantener el orden y la justicia dentro de una sociedad, resolviendo los conflictos legales entre las partes involucradas; teniendo entre sus facultades su independencia, el cual se define que ninguna autoridad tiene el derecho de interferir en el desempeño de las funciones de un tribunal de justicia.

No obstante, imaginemos que un juez tiene una controversia que necesita ser resuelta con urgencia, pero a su vez, parte de esa controversia se está tratando en otro proceso. Ello impediría que este emita algún pronunciamiento, pues de hacerlo se entendería que se está interfiriendo en la potestad jurisdiccional. En razón de este problema surge la prejudicialidad.

La prejudicialidad, vendría ser un remedio para el cumplimiento óptimo de las actuaciones judiciales, con el fin de salvaguardar el derecho a la tutela jurisdiccional efectiva. Pues, existen casos que, para resolver la controversia de manera efectiva, es necesario considerar un aspecto que actualmente está siendo discutido en otro proceso por un órgano judicial diferente.

Esto hace referencia a la conexión entre dos casos judiciales, que puede ser de igual o diferente materia, deben estar relacionados entre sí. En particular, se trata de la situación en la que la decisión tomada en uno de los casos puede afectar directamente al otro; para que esto ocurra, primero se debe determinar el resultado de una de las pretensiones en cuestión.

Para el doctor, Devis Echandía, la prejudicialidad existe "(...) *cuando se trate de una cuestión sustancial, diferente pero conexa, que sea indispensable resolver por sentencia en proceso separado, bien ante el mismo despacho judicial o en otro distinto*"[1], pues podemos entender que esta figura ayuda a garantizar la integridad y la equidad del proceso legal al garantizar que cada caso se aborde de manera adecuada y que se respeten los derechos de todas las partes involucradas.

Y es que, los tribunales de justicia necesitan conocer previamente los méritos de fondo de otro órgano jurisdiccional, que puede ser entendido como un asunto accesorio, subordinado o condicionado a materias que tienen un vínculo de dependencia, pues, en estos casos, quien conoce del segundo proceso deberá esperar a que se resuelva el primero antes de tomar una decisión, dado que este dependerá del resultado del primer proceso.

Por lo mismo, no se busca con solo tener una simple correlación entre dos procesos distintos, juez o árbitro, sino que se debe tener una incidencia definitiva, directa y necesaria sobre la decisión que se pueda emitir en un proceso, respecto al otro; todo ello, bajo los principios de razonabilidad y proporcionalidad, que forman parte del debido proceso.

Así, podemos preguntarnos: ¿Cuál es la causa de la Prejudicialidad? Su causa puede variar según el tipo de proceso o caso que se esté llevando a cabo, y es que, como se ha mencionado, se origina cuando la reso-

---

1 Hernando Devis Echandía, *Teoría General del Proceso.* (3era edición, Temis, 2022). 477.

lución de una causa depende de la resolución previa de otra causa legalmente vinculante, que es competencia de otro tribunal o autoridad.

Por ejemplo, en un proceso penal, la prejudicialidad puede surgir si el individuo ha sido acusado de un delito en un país, y que la defensa del individuo depende de la interpretación o aplicación de una normativa internacional o de un tratado internacional. En este caso, el tribunal que lleva el caso podría plantear una cuestión prejudicial ante la Corte Internacional de Justicia (CIJ) o ante otro tribunal internacional competente, para que resuelva la cuestión de interpretación o aplicación de la normativa internacional o del tratado internacional, antes de continuar con el proceso penal[2].

En otro caso, la causa de la prejudicialidad puede surgir en un proceso civil, cuando la resolución del litigio depende de la nulidad de un contrato y en otro proceso en un tribunal diferente, se está discutiendo la resolución del contrato por una de las partes.

Asimismo, en el caso del arbitraje, supongamos que una empresa peruana ha suscrito un contrato con una empresa española para la construcción de un edificio en Londres, y que el contrato tiene un convenio arbitral. Y que el conflicto que tienen las partes es debido a un incumplimiento de contrato que ha generado la resolución del Contrato y la aplicación de penalidades, ambas controversias en distintos tribunales, y las partes no desean acumular los procesos.

En el mismo sentido, después de haber discutido la posible causa, es crucial discernir entre las repercusiones perjudiciales y beneficiosas que pueden derivar del uso de la prejudicialidad.

En este caso, se pueden mencionar algunos de los efectos perjudiciales, como son los siguientes:

- Retraso en la resolución: Si el asunto prejudicial no se resuelve de manera oportuna, la prejudicialidad puede retrasar la resolución del caso principal, lo que puede tener consecuencias negativas para las partes involucradas. Ello puede ser notado de manera más considerable en el arbitraje, siendo que este retraso

2 Cristina Izquierdo Sans, *Cuestión prejudicial y artículo 24 de la Constitución española* (2011) 23 Revista General de Derecho Europeo, 17.

afecta la celeridad, considerado como una maximización de la eficacia del arbitraje.

- Costos adicionales: La prejudicialidad puede aumentar los costos del proceso, ya que puede requerir que se realicen más procedimientos, y que se contraten expertos o peritos para resolver la cuestión prejudicial.
- Riesgo de error: Si la cuestión prejudicial se resuelve de manera incorrecta, puede afectar la decisión final y perjudicar a las partes involucradas.
- El actuar de mala fe: La parte demandada puede actuar de mala fe, que a sabiendas que no corresponde aplicar esta figura, solo la presente con el afán de suspender y dilatar el arbitraje[3].

Por otro lado, algunos de los efectos beneficiosos de la prejudicialidad son los siguientes:

- Eficiencia procesal: Se puede evitar que se realicen juicios redundantes o que se tomen decisiones contradictorias en diferentes tribunales, lo que puede acelerar la resolución del asunto, y generar afectaciones a las mismas partes.
- Uniformidad en la jurisprudencia: La prejudicialidad puede contribuir a la uniformidad en la interpretación y aplicación de la ley, ya que obliga a los tribunales a seguir las decisiones previas en casos similares[4].
- Protección de los derechos: La prejudicialidad puede ser útil para proteger los derechos de las partes, ya que permite que se resuelvan cuestiones previas que puedan afectar la decisión final.

Sin embargo, existe un efecto que no es posible encasillar como perjudicial o beneficioso, lo que sí podemos considerarlo es que es un

---

3 Cámara de Comercio Internacional. 3 Dispute Resolution Bulletin 2019 (2019) No. 3 55.

4 Eduardo Higashiyama, *Teoria do Direito Sumular* (2011) 36 Revista de processo, 118.

hecho objetivo, y es la suspensión del proceso en el cual recae la prejudicialidad.

Para ello, citamos al jurista Fabio Virzi, quien menciona la Sentencia dictada por el Tribunal Superior de Justicia de Madrid de fecha 3 de julio de 2012, que en su tercer considerando estableció de manera explícita que: "*el artículo 40 de la Ley de Enjuiciamiento Civil (RCL 2000, 34, 962 y RCL 2001, 1892), contempla, en efecto, la suspensión de las actuaciones por prejudicialidad penal, lo que sería trasladable al procedimiento arbitral*"[5].

En ese mismo sentido, el numeral 2 del artículo 10 de la Ley Orgánica del Poder Judicial Español, manifiesta expresamente que: "*la existencia de una cuestión prejudicial penal de la que no pueda prescindirse para la debida decisión o que condicione directamente el contenido de ésta determinará la suspensión del procedimiento mientras aquélla no sea resuelta por los órganos penales a quienes corresponda*"[6].

Definitivamente, la suspensión del proceso puede generar dificultades con el cumplimiento de la tutela jurisdiccional efectiva, y es que definitivamente es riesgoso para las partes poder estar sometidos de manera indeterminada a la demora de un juicio, por el hecho que este se encuentre suspendido esperando la resolución del otro proceso.

El jurista Cipriani, citado por el doctor Giovanni Priori, manifiesta que: "*(...) en la medida que el proceso se encuentra constitucionalmente previsto y protegido, puede decirse que la suspensión es un instituto que viene disciplinado e interpretado con mucha cautela, de lo contrario, se termina fatalmente con desnaturalizar el proceso, el cual, para ser efectivamente tal, no debe estar sujeto a demasiadas pausas y, en cualquier modo, no puede ni debe sufrirlas de modo injustificado*"[7]

La suspensión en la prejudicialidad es una medida que busca evitar la existencia de fallos contradictorios o incompatibles entre distintos

---

5 Fabio Virzi, *La prejudicialidad penal en el arbitraje* (2017) 28 Spain arbitration review: revista del Club Español de Arbitraje. 75.

6 Del Poder Judicial, Ley Orgánica nº 6/1985, 1 de julio de 1985 (España), núm. 2 art. 10.

7 Giovanni Francezco Priori Posada, *La suspensión del proceso por prejudicialidad en el proceso civil peruano* (2010) 40 Ius Et Veritas, 284.

tribunales, y garantizar la coherencia y uniformidad del derecho. Al suspender temporalmente el procedimiento en curso, se espera a que se resuelva la cuestión prejudicial en el otro proceso, para luego retomar el procedimiento original con el criterio establecido por el tribunal competente en la cuestión prejudicial.

Es conclusión, es necesario destacar que la suspensión en la prejudicialidad no es una medida obligatoria, sino que está a discreción del juez o tribunal competente. Además, su aplicación puede variar según la legislación de cada país y las normas procesales correspondientes.

3. TRATAMIENTO DE LA PREJUDICIALIDAD EN EL ARBITRAJE INTERNACIONAL

3.1. Prejudicialidad en el Arbitraje en España

El marco legal que establece las pautas para la prejudicialidad penal se encuentra en los artículos 40 y 41 de la Ley 1/2000, conocida como Ley de Enjuiciamiento Civil. De acuerdo con lo estipulado en el artículo 40[8] de dicha normativa, se precisa:

> *"(...) cuando en un proceso civil se ponga de manifiesto un hecho que ofrezca apariencia de delito o falta perseguible de oficio, el Tribunal civil, mediante providencia, lo pondrá en conocimiento del Ministerio Fiscal, por si hubiere lugar al ejercicio de la acción penal" añadiendo que "no se ordenará la suspensión de las actuaciones del proceso civil sino cuando concurran las siguientes circunstancias: 1) que se acredite la existencia de causa criminal en la que se estén investigando, como hechos de apariencia delictiva, alguno o algunos de los que fundamenten las pretensiones de las partes en el proceso civil. 2) Que la decisión del tribunal penal acerca del hecho por el que se procede en causa criminal pueda tener influencia decisiva en la resolución sobre el asunto civil".*

Relacionado a lo anterior, cuando en el curso de un procedimiento civil surja una cuestión prejudicial penal, el Tribunal Civil sólo podrá suspender el curso de las actuaciones cuando concurran las circunstancias transcritas anteriormente: 1) existencia de una causa criminal y 2)

---

8 De Enjuiciamiento Civil, Ley N° 1/2000, 7 de enero de 2000 (España), art. 40.

que ésta pueda tener una influencia decisiva en la decisión que deba adoptarse por la jurisdicción civil.

A modo de complemento sobre el precitado artículo, citamos la Sentencia del Caso N° 209/2013[9] de fecha 4 de abril de 2013, en la que se estableció que el artículo 40.2 de la LEC no solo requiere, en su primer apartado, que exista una causa criminal por unos hechos que aparentan ser delictivos y que fundamenten la pretensión del proceso civil, sino que, en su segundo apartado, también establece que la decisión del tribunal penal respecto al hecho que motiva la causa criminal debe tener una influencia decisiva en la resolución del asunto civil.

En esta misma línea se ha situado la Sentencia del SAP Madrid 582/2010[10] dictada por la Audiencia Provincial de Madrid en fecha 26 de noviembre de 2010, en la que se estableció que:

> *"(...) la prejudicialidad penal que origina la suspensión del proceso civil sólo opera cuando existe una íntima conexión entre el objeto de éste y la cuestión penal, bien porque el objeto del pleito civil esté inserto en el proceso penal, bien porque la decisión que ha de adoptarse en el proceso civil dependa directamente de la decisión que adopte la jurisdicción penal sobre un determinado hecho que, sin ser el debatido en aquel**, tenga una influencia determinante en el fallo**"*. (El subrayado es agregado).

En lo que respecta al requisito de la "*influencia determinante*", la jurisprudencia española se ha ocupado de recalcar en varias resoluciones la necesidad de que la parte que alegue una cuestión de ese tipo deba acreditar debidamente la forma en la que el pronunciamiento penal condiciona la decisión del proceso civil.

Por ejemplo, a esta la conclusión llegó el Tribunal Supremo en su Sentencia de 30 de mayo de 2007[11] que, aplicando la anterior Ley de Enjuiciamiento Civil (pero en términos que siguen siendo válidos a la luz de la vigente Ley de Enjuiciamiento Civil) declaró que:

---

9 *Sociedad Cooperativa San Marcos de Casas del Monte vs. Grupo Alba Int. SLL*, Sala Primera del Tribunal Supremo, 4 de abril de 2013, 209/2013 (España) 7.

10 *D. Santiago y D. María Inés vs. Laudo Arbitral de Derecho con referencia 1774-77 de 26 de marzo de 2010*, Sección 25ª de la Audiencia Provincial de Madrid, 26 de noviembre del 2010, 582/2010 (España) 3.

11 *Krug Naval S.A.L. vs. D. Jose Daniel, otros.*, Sala Primera del Tribunal Supremo, 30 de mayo de 2007, 596/2007 (España) 3.

> *"cuando se pretende obtener la suspensión [por prejudicialidad penal], para que pueda prosperar es preciso razonar de qué forma el pronunciamiento penal podrá condicionar la decisión del proceso civil, pues sólo obliga a suspender la "exclusividad" expresada, y no la valoración penal que puedan tener algunos de los elementos de convicción traídos al proceso civil."*

En ese sentido, la finalidad de esa institución es la de evitar que puedan dictarse resoluciones contradictorias, pues, como ha reiterado el Tribunal Constitucional de España[12] la contradicción afectaría el principio de seguridad jurídica, el cual está regulado en el artículo 9.3 de la Constitución Española, así como el derecho a la tutela judicial efectiva, regulado en el artículo 24.1 de la Constitución Española.

3.1.1. La prejudicialidad penal en el arbitraje español.

La Ley 60/2003, de Arbitraje, no dedica ninguno de sus artículos a resolver o analizar que suscitaría si en un proceso arbitral se presenta la prejudicialidad, pues, no contiene normas sobre prejudicialidad.

No obstante, la jurisprudencia ha desarrollado la prejudicialidad penal en el arbitraje de la siguiente manera:

En la Sentencia dictada por el Tribunal Superior de Justicia de Madrid de fecha 3 de julio de 2012[13] que en su fundamento tercero estableció expresamente que "*(...) el artículo 40 de la Ley de Enjuiciamiento Civil contempla, en efecto, la suspensión de las actuaciones por prejudicialidad penal, lo que sería trasladable al procedimiento arbitral*".

En ese mismo sentido se ha pronunciado la Sentencia emitida por el Tribunal Superior de Justicia de Madrid en fecha 16 de febrero de 2016[14], que en su cuarto fundamento reconoce que las cuestiones prejudiciales penales afectan tanto a las actuaciones jurisdiccionales como a las arbitrales.

---

12 *Doña J.L. vs. Auto de la Sala de lo Social del Tribunal Supremo de 22 de noviembre del 2005*, Sala Primera del Tribunal Constitucional, 28 de septiembre del 2009, 192/2009 (España) 2.

13 Virzi (n5) 4.

14 *Doña Estela vs. Doña Leticia*, Sala Primera de lo Civil del Tribunal Supremo, 13 de setiembre de 2016, 530/2016 (España) 4.

Esa misma línea, es la seguida por ese Tribunal Superior de Justicia en su Sentencia de fecha 15 de febrero de 2016[15] en la que, analizó si concurren o no los requisitos exigidos por el artículo 40 de la Ley de Enjuiciamiento Civil en el marco de un procedimiento de anulación de laudo, lo que nos permite concluir que es posible alegar una cuestión prejudicial penal en un arbitraje.

La anterior conclusión es acorde con una interpretación sistemática de la Ley de Arbitraje española; pues, ésta establece que son susceptibles de arbitraje las controversias sobre materias de libre disposición conforme a derecho. Pues bien, de acuerdo con la jurisprudencia, las causas criminales son materia indisponible.

Y es que, esa es la conclusión alcanzada por el Tribunal Superior de Justicia de Murcia, en su Sentencia de fecha 28 de junio de 2012[16] establece lo siguiente:

> *"La demandante, que es la empresa Proinsol, en la comparecencia celebrada ante el árbitro el 23 de marzo del 2011 fijó como hecho controvertido al procedimiento si el reconocimiento de la deuda es contenido en un documento falso, tanto en su contenido como en su forma.* ***En ese sentido una petición de tal naturaleza sólo corresponde a la jurisdicción penal, única competente para declarar la falsedad de un documento, por lo que la decisión del árbitro no declarándose competente para resolver la cuestión es acorde con las limitaciones propias de un simple arbitraje, que no puede pronunciarse sobre materias que no sean de libre disposición de las partes****, y la cuestión de la comisión o no de un delito es absolutamente indisponible"* (El subrayado es agregado)

A su vez, teniendo en cuenta que el artículo 9 de la Ley Orgánica del Poder Judicial Español[17] se reserva el conocimiento de las cuestiones criminales al orden jurisdiccional penal y que la jurisdicción es improrrogable parece indudable que esas cuestiones (las penales) están totalmente alejadas de la jurisdicción del árbitro.

---

[15] *Red Eléctrnica de España S.A.U. vs. Ordenanza fiscal del Ayuntamiento de Fariza*, Sala de lo Contencioso del Tribunal Superior de Justicia, 05 de febrero del 2016, 739/2016 (España).

[16] *Caso Proinsol.* Tribunal Superior de Justicia de Murcia. 28 de junio del 2012, AC 2012/848 (España).

[17] Del Poder Judicial, Ley Orgánica nº 6/1985, 1 de julio de 1985 (España), art. 9.

Por todo ello, podemos concluir que en España la prejudicialidad era de común aplicación en procesos civiles y penales, sin embargo, en el arbitraje aún era desconocido la posibilidad de aplicarla, pero conforme al estudio presentado hemos corroborado es posible la aplicación de una cuestión prejudicial penal en el marco de un procedimiento arbitral, esto partiendo de la interpretación de la normativa española en relación con el Arbitraje en donde se estipula la posibilidad de llevar a arbitraje materias de libre disposición.

3.2. Prejudicialidad en el Arbitraje en Colombia

En Colombia, la prejudicialidad en el arbitraje está regulada en el artículo 11 de la Ley 1563[18] publicada en el año 2012, denominado: "Por medio del cual se expide el Estatuto de Arbitraje Nacional e Internacional y se dictan otras disposiciones", el cual, en iguales términos, dispone lo siguiente:

> *"Artículo 11. Suspensión. El proceso se suspenderá por solicitud de ambas partes con la limitación temporal prevista en esta ley y, además, desde el momento en que un árbitro se declare impedido o sea recusado, y se reanudará cuando se resuelva al respecto.*
> *Igualmente, se suspenderá por inhabilidad, renuncia, relevo o muerte de alguno de los árbitros, hasta que se provea a su reemplazo.*
> *Al término del proceso se adicionarán los días de suspensión, así como los de interrupción por causas legales. En todo caso, las partes o sus apoderados no podrán solicitar la suspensión del proceso por un tiempo que, sumado, exceda de ciento veinte (120) días.*
> ***No habrá suspensión por prejudicialidad".*** (El subrayado es agregado)

Como se puede observar, la legislación colombiana no admite la suspensión del proceso arbitral ante prejudicialidad, pese a que haya una solicitud de parte de por medio, a diferencia del Código General del Proceso (Ley 1564 de 2012[19]), que va dirigido a los procesos civiles, en

---

18 Por medio de la cual se expide el Estatuto de Arbitraje Nacional e Internacional y se dictan otras disposiciones, Ley 1563 de 2012, 12 de julio de 2012 (Colombia), art. 11.

19 Por medio de la cual se expide el Código General del Proceso y se dictan otras disposiciones. Ley 1564 de 2012, 12 de julio del 2012 (Colombia), art. 161.

donde sí se admite la suspensión del proceso por prejudicialidad, en los siguientes términos:

> *"Artículo 161. Suspensión del proceso.* ***El juez****, a solicitud de parte, formulada antes de la sentencia,* ***decretará la suspensión*** *del proceso en los siguientes casos: 1.* ***Cuando la sentencia que deba dictarse dependa necesariamente de lo que se decida en otro proceso judicial*** *que verse sobre cuestión que sea imposible de ventilar en aquél como excepción o mediante demanda de reconvención. El proceso ejecutivo no se suspenderá porque exista un proceso declarativo iniciado antes o después de aquél, que verse sobre la validez o la autenticidad del título ejecutivo, si en éste es procedente alegar los mismos hechos como excepción. (...)"* (El subrayado es agregado).

Para ello, López Blanco, citado por Serrano Burgos[20], estima que esto se debe a que la prejudicialidad es incompatible con el arbitraje, por tres razones principales: *"(i) el proceso arbitral está delimitado por un término perentorio, razón por la cual, el Tribunal Arbitral cesa sus funciones una vez expira el término fijado para el trámite o el de su prórroga; (ii) la justicia arbitral exige una función transitoria de administración de justicia, por lo cual, no es permanente y (iii) el estatuto arbitral, de manera contundente en su artículo 11, señaló que "no habrá suspensión por prejudicialidad".*

La relación entre prejudicialidad y arbitraje ha sido materia de pronunciamiento de la Corte Suprema de Justicia de Colombia en distintas sentencias.

En ese sentido, encontramos la Sentencia T-136/03[21] de la Sala Cuarta de Revisión de la Corte Constitucional, de fecha 20 de febrero del 2003, cuya materia es el recurso de anulación del laudo arbitral. En dicho proceso, se discutió la validez de la suspensión del proceso por prejudicialidad que había sido decidida por un Tribunal Arbitral, administrado por el Centro de Arbitraje y Conciliación de la Cámara de Comercio de Bogotá, ante la existencia de un proceso contencioso

---

20 Kevin Serrano Burgos, *La Interpretación pre judicial del Tribunal de Justicia de la Comunidad Andina en el Arbitraje: Debates en torno a su exclusión* (Tesis de maestría, Universidad Libre, 2022) 141.

21 *Centrimed Ltda vs. Tribunal de Arbitramiento de Centrimed Ltda vs. Hospital Militar Central,* Sala Cuarta de Revisión de la Corte Constitucional, 20 de febrero del 2003, T-136/03 (Colombia).

administrativo en sede judicial, en específico, ante el Tribunal Administrativo de Cundimarca.

El Tribunal Arbitral fundamentó su decisión señalando que el proceso de nulidad del Convenio de Asociación, del cual surgían las controversias que estaban siendo sometidas a arbitraje, constituía prejudicialidad que demandaría ordenar la suspensión de dicho proceso hasta que la jurisdicción de lo contencioso administrativo decida definitivamente lo que ha sido sometido a consideración de ésta.

En relación con este asunto, la Corte Constitucional afirmó que la decisión del Tribunal de suspender su fallo hasta que la Jurisdicción Contencioso Administrativa se pronunciara sobre la validez de la cláusula de nulidad absoluta del Convenio era contraria al principio de autonomía de la cláusula de arbitraje. Al hacerlo, se vulneraría el derecho a un debido proceso y al acceso a la justicia de las partes en un proceso de arbitraje.

La Corte Constitucional argumentó que, al ponderar las pretensiones de la demanda de nulidad absoluta del contrato que se presentaban ante la jurisdicción contencioso-administrativa y la autonomía de la cláusula de arbitraje, se debía dar preferencia a esta última en relación con la existencia y validez del contrato al que pertenece. Por lo tanto, la Corte Constitucional ordenó al Tribunal Arbitral que revoque su decisión de suspender el proceso de arbitraje y continuara con el proceso correspondiente.

Si bien a la fecha de expedición de dicha sentencia, no se encontraba vigente la Ley 1563 del año 2012, en la mencionada sentencia se puede observar la clara tendencia del derecho colombiano en torno a la independencia del proceso arbitral respecto a la judicatura, aun cuando las pretensiones sometidas a arbitraje guarden relación con aquellas que estuviesen siendo discutidas en sede judicial.

En esta misma línea, encontramos la Sentencia SC001-2019 de la Sala de Casación Civil de la Corte Suprema de Justicia de Colombia, de fecha 15 de enero del 2019, cuya materia fue el recurso de anulación frente al laudo arbitral de 27 de abril de 2016, proferido en el Caso N.º 19728/ASM administrado por la Cámara de Comercio Internacional.

En este proceso, la parte actora invocó nulidad del laudo arbitral, entre otras causales, por violación al orden público internacional, alegando que se había desconocido el debido proceso al no haberse decretado prejudicialidad penal, precisando que la causa que motivó el caso se encontraba sometida a conocimiento de la justicia penal, como lo es la ilicitud, nulidad y pérdida de eficacia de los contratos de transacción celebrados por las partes de dicho arbitraje, al formar parte de los artificios mediante los cuales se habría consumado el delito de estafa[22].

Asimismo, sostuvo que la Fiscalía General de la Nación, con ocasión de la denuncia interpuesta por la parte actora, solicitó audiencia de formulación de imputación por estafa agravada por hechos que guardan íntima relación con el proceso arbitral.

Por ello, la parte actora afirmó que la jurisdicción arbitral debió ceder ante la jurisdicción nacional que conoce del ilícito penal cometido presuntamente a través de los contratos de transacción, pues a pesar de existir un pacto arbitral que posibilita el estudio sobre la existencia, validez, eficacia e incumplimiento de los contratos, la cuestión prejudicial que ha de examinarse, en primer lugar, como lo es el carácter ilícito de los contratos base del trámite arbitral y su permanencia o desaparición del mundo jurídico, es una materia no arbitrable, de competencia privativa y excluyente de las autoridades penales en Colombia[23].

Por lo cual, la falta de decreto de la prejudicialidad podría conducir a fallos contrapuestos e, incluso, generar un provecho con base en un ilícito penal, con quebranto del principio de la unidad de la jurisdicción.

En respuesta a esto, la Corte Suprema indicó que es posible anular un fallo arbitral internacional si se violan los valores o principios fundamentales del sistema jurídico nacional, incluyendo la garantía del debido proceso. Sin embargo, en este caso en particular, no se observó una violación de estos principios, ya que, la cuestión prejudicial pretendida no era un principio esencial del sistema jurídico colombiano.

---

22 *Viviane y Michael Ventura vs. Laudo Arbitral de 27 de abril del 2016 proferido en el caso n.° 19728/ASM administrado por la Cámara de Comercio Internacional,* Sala de Casación Civil de la Corte Suprema de Justicia de Colombia, 15 de enero del 2019, SC001-2019 (Colombia) 9.

23 *Viviane y Michael Ventura vs. Laudo Arbitral de 27 de abril del 2016 proferido en el caso n.° 19728/ASM administrado por la Cámara de Comercio Internacional,* (n22) 10.

De hecho, su aplicación es excepcional y requiere una solicitud específica de una parte bajo ciertas condiciones precisas, y sus efectos son meramente temporales[24].

La Corte Suprema también afirmó que no hay impedimento para que un caso sea resuelto, aunque haya otro caso relacionado, siempre y cuando las partes involucradas no lo soliciten y los temas del segundo caso podrían haber sido planteados como excepción o contrademanda en el primero[25].

En razón de esto, es que la Corte descartó que la figura de la prejudicialidad pueda integrar el núcleo esencial del debido proceso, ya que, de haber tenido esta calidad el legislador colombiano habría ordenado que fuera una medida imperativa, incluso oficiosa, y habría extendido sus efectos hasta que se decidiera el otro proceso, lo cual no se aprecia en el ordenamiento jurídico de Colombia, por lo tanto, dicha figura tampoco integraría el orden público internacional.

Como se puede observar, la legislación y jurisprudencia colombiana adoptan la tesis de la no suspensión por prejudicialidad, es decir, apuntan hacia la continuación del proceso arbitral, aun cuando exista paralelamente algún otro proceso judicial (de naturaleza penal, contencioso administrativa, entre otros) cuya materia guarde íntima relación con la discutida en el arbitraje, esto en mérito a la autonomía de la que goza el fuero arbitral respecto de la jurisdicción ordinaria, así como al acceso a la justicia de las partes del mencionado proceso.

3.3. Prejudicialidad en el Arbitraje en el Perú

En el Perú, el Decreto Legislativo N° 1071, Decreto Legislativo que Norma el Arbitraje, no contiene precepto legal alguno que regule la relación entre prejudicialidad y el arbitraje, es decir, no prevé si el proceso arbitral se debería suspender o no, en casos en los que exista algún proceso judicial paralelo al arbitraje cuya materia sea relevante para este último.

---

24 *Ídem* (n22) 50.

25 *Ídem* (n22) 51.

En razón de ello, para hablar de prejudicialidad en el ordenamiento jurídico peruano, se debe recurrir a las normas del Código Procesal Civil Peruano (Decreto Legislativo N° 768), el cual, en su artículo 320[26], regula la suspensión del proceso de la siguiente manera:

> *"Artículo 320.- Se puede declarar la suspensión del proceso, de oficio o a pedido de parte, en los casos previstos legalmente o cuando a criterio del Juez sea necesario.*
> ***El Juez, a pedido de parte, suspende la expedición de la sentencia en un proceso siempre que la pretensión planteada en él dependa directamente de lo que debe resolver en otro proceso en el que se haya planteado otra pretensión cuya dilucidación sea esencial y determinante para resolver la pretensión planteada por él.*** *Para ello es necesario que las pretensiones sean conexas, a pesar de lo cual no puedan ser acumuladas, caso contrario, deberá disponerse su acumulación".* (El subrayado es agregado)

Sin embargo, al no ser esta una norma especializada para el rubro del arbitraje, sino más bien pensada para los procesos judiciales civiles, cabe preguntarse si la figura de la prejudicialidad puede ser aplicada, de buenas a primeras, por analogía a los procesos arbitrales y, como consecuencia, suspender el curso de estos.

Lo mismo sucede con el Código Procesal Penal en su artículo 5[27], referido a la cuestión prejudicial, señalando lo siguiente:

> "Artículo 5.- Cuestión prejudicial
> (...)
> 2. Si se declara fundada, la Investigación Preparatoria se suspende hasta que en la otra vía recaiga resolución firme. (...).
> 3. En caso de que el proceso extra – penal no haya sido promovido por la persona legitimada para hacerlo, se le notificará y requerirá para que lo haga en el plazo de treinta días computados desde el momento en que haya quedado firme la resolución suspensiva. Si vencido dicho plazo no cumpliera con hacerlo, el Fiscal Provincial en lo Civil, siempre que se trate de un hecho punible perseguible por ejercicio público de la acción penal, deberá promoverlo con citación de las partes interesadas. En uno u otro caso, el Fiscal está autorizado para intervenir y continuar el proceso hasta su terminación, así como sustituir al titular de la acción si éste no lo prosigue.

---

26 Código Procesal Civil. Decreto Legislativo N° 768, 4 de marzo de 1992 (Perú) art. 320.

27 Código Procesal Penal. Decreto Legislativo N° 957. 29 de julio del 2004 (Perú) art. 5.

> 4. De lo resuelto en la vía extra – penal depende la prosecución o el sobreseimiento definitivo de la causa."

Por lo que, en el ámbito penal es considerado un recurso de defensa, y conforme lo señalado en el precitado artículo, se utiliza cuando el fiscal decide continuar con la investigación preparatoria de un caso, a pesar de que hay pendiente una declaración en un proceso extrapenal que se relaciona con la naturaleza delictiva de los hechos denunciados. Es decir, lo que se busca aclarar en la vía extrapenal es si existe algún elemento constitutivo del delito.

Al respecto, la Sala Penal Permanente de la Corte Suprema de Justicia de la República peruana, en la Casación N° 313-2021 Moquegua[28], ha acogido la tesis de la suspensión del proceso arbitral cuando exista un proceso penal cuya materia controvertida influya dicho proceso. Es así como, en el fundamento cuarto de la mencionada sentencia, señala lo siguiente:

> *"4. Que en estos casos* ***se debió tener presente la existencia de una cuestión prejudicial penal,*** *de imposible prescindencia y de carácter imperativo, de suerte que* ***para que el Tribunal Arbitral pueda resolver era menester que primero se suspenda el procedimiento arbitral mientras no se pronuncie la jurisdicción penal*** *–es claro que en esta materia no es relevante la fecha de los procesos en cuestión, sino la materia controvertida–.*
> *La decisión de la jurisdicción penal, dado su ámbito de actividad, no podía ser materia de prescindencia por el procedimiento arbitral, a fin de que, al condicionar su contenido, era de rigor suspender el referido procedimiento mientras tal cuestión prejudicial no sea resuelta por los órganos penales, los que tienen una preeminencia para hacerlo.*
> *Luego, estando en curso un procedimiento penal, en tanto y en cuanto, como en el presente caso, existen hechos con relevancia jurídica propia (delictiva),* ***la jurisdicción arbitral debía abstenerse de intervenir hasta que la jurisdicción penal resuelva.*** *No hacerlo importó, desde luego, una ilicitud que impide considerar el mérito del laudo arbitral como dato previo para la solución de la cuestión penal".* (El subrayado es agregado)

28 *Ricardo Pino Trinidad vs. sentencia de vista de veintidós de julio de dos mil veinte,* Sala Penal Permanente de la Corte Suprema de Justicia de la República, 30 de mayo del 2022, Casación N° 313-2021/Moquegua (Perú). 4.

La aplicación de la figura prejudicial tiene su soporte arbitral, en los numerales 1) y 3) del Artículo 34° de la Ley de Arbitraje peruana[29], se establece lo siguiente:

> *"1. Las partes podrán determinar libremente las reglas a las que se sujeta el tribunal arbitral en sus actuaciones. A falta de acuerdo o de un reglamento arbitral aplicable,* ***el Tribunal Arbitral decidirá las reglas que considere más apropiadas teniendo en cuenta las circunstancias del caso****;*
> *(...)*
> *3. Si no existe disposición aplicable en las reglas aprobadas por las partes o por el tribunal arbitral, se podrá aplicar de manera supletoria, las normas de este Decreto Legislativo.* ***Si no existe norma aplicable en este Decreto Legislativo, el Tribunal Arbitral podrá recurrir, según su criterio, a los principios arbitrales, así como a los usos y costumbres en materia arbitral****".* (El subrayado es agregado)

Por lo tanto, al no estar contemplada ninguna consecuencia relacionada con la presentación de una solicitud sobre la prejudicialidad en las normas del arbitraje o en la Ley de Arbitraje, el Tribunal Arbitral puede considerar adecuado hacer referencia al artículo mencionado para su aplicación. Esto se debe a que es evidente que la prejudicialidad puede ser utilizada comúnmente y de acuerdo con las prácticas habituales en el ámbito arbitral.

En ese sentido, en razón del precitado artículo sumado a la sentencia antes mencionada, podemos observar cómo cierta parte de la judicatura asume la postura consistente en que el proceso arbitral debe suspenderse en los casos en que, paralelamente, exista un proceso civil o penal cuya materia sea trascendente para su resolución.

3.4. Prejudicialidad en el arbitraje en Laudos emitidos en el Centro de Arbitraje de la Cámara de Comercio Internacional

En el Boletín N° 3 de la CCI publicado en el 2019[30], salió a relucir un tema innovador relacionado al arbitraje, este tema era la prejudicialidad, que deviene en la suspensión del arbitraje. En ese sentido, la cuestión

---

29 Decreto Legislativo que norma el arbitraje, Decreto Legislativo N° 1071, 27 de junio de 2008 (Perú) núm. 1 y 3, art. 34.

30 Cámara de Comercio Internacional (n3) 55.

principal era: ¿Cómo se maneja la discrecionalidad de los árbitros al momento de decidir suspender el arbitraje?

Es así, como la CCI nos trajo una serie de situaciones que eran comunes en la práctica y que pasaremos a analizar uno por uno.

En ese sentido, tenemos en el Laudo 7986 de la CCI publicado en 1999, donde el Tribunal Arbitral tuvo que evaluar una petición de la demandada para suspender el proceso de arbitraje. Esta decisión se basó en la existencia de dos casos penales aún pendientes en los tribunales del lugar donde se llevó a cabo el arbitraje y en la sede de la compañía objeto del contrato de compraventa de acciones de las partes.

Ante esto, el Tribunal Arbitral discernió entre el impacto de estos dos procesos penales en el arbitraje. Por lo que, el Tribunal declaró que un proceso penal pendiente en un país diferente a la sede de arbitraje no significaría la suspensión de este, señalando expresamente que: "(...) *[La prejudicialidad] se aplica en los casos que estemos frente a un Tribunal Civil donde el mismo deberá esperar la decisión de un Tribunal Penal, pero en el caso de un tribunal arbitral queda a discreción de este si suspende o no el arbitraje en estas circunstancias*[31]".

De lo anterior expuesto, debemos precisar que, en el mencionado boletín de la CCI, se analizó a un conjunto de árbitros, concluyendo que estos tenían discrecionalidad para decidir cómo abordar las solicitudes de suspensión por prejudicialidad en el arbitraje y en la mayoría de los casos, no se especificó la fuente de la discrecionalidad del tribunal, particularmente cuando el lugar del arbitraje y el lugar del proceso penal eran idénticos.

De acuerdo al precitado Boletín, en determinadas situaciones, el Tribunal Arbitral evaluó si dicha libertad de criterio se origina de alguna de las leyes aplicables en el caso. Por ejemplo:

- En la Resolución Procesal N° 1[32] se reconoció que conceder la suspensión del arbitraje entraba dentro del ámbito de las facultades del árbitro único de conformidad con el Artículo 22(2) del

---

[31] *Ídem.*

[32] Cámara de Comercio Internacional (n3) 52.

Reglamento de la CCI[33]y se afirmó que tanto la Ley Suiza (ley del lugar del arbitraje) como la Ley Francesa (ley rectora sustancial y procesal) otorgaban tal discreción.

- En el Caso N° 13706[34] cuando el demandante había iniciado un proceso penal relacionado con una supuesta falsificación de una enmienda al contrato en su país de origen, el Tribunal Arbitral se refirió a la ley del lugar del arbitraje y a la *'práctica arbitral internacional'* para decidir suspender el arbitraje.

En conclusión, el tema de la discrecionalidad de los árbitros al momento de suspender el arbitraje por prejudicialidad aún es controvertida, no contando con criterios establecidos según el boletín N° 3 de la CCI, haciendo que, sea una situación abordada por cada Tribunal Arbitral acorde a las circunstancias y ley aplicable.

4. RECOMENDACIONES Y CRITERIOS PARA EL USO EFICIENTE DE LA PREJUDICIALIDAD EN EL ARBITRAJE

Conforme hemos apreciado, la prejudicialidad no es ajena al arbitraje, más allá que la figura se encuentre o no positivizada en la Ley de Arbitraje, es viable su aplicación dado que nos encontramos en un supuesto de hecho que supera la materialización de la norma.

Por lo que, presentamos un esquema de cómo funciona la prejudicialidad en el arbitraje, con base en un orden reflejado en las prácticas antes mencionadas en los acápites anteriores:

1. Dos o más partes tienen disputas relacionadas que requieren la resolución de un tema común.

---

33 Art. 22(2) of the CCI Arbitration Rules: *'In order to ensure efective case management, the arbitral tribunal, after consulting the parties, may adopt such procedural measures as it considers appropriate, provided that they are not contrary to any agreement of the parties'.*

34 *Claimant(s) v. Respondent(s)* (2019) CCI 13706, (2019) CCI Dispute Resolution Bulletin. 55.

2. Una de las partes pide que se suspenda el arbitraje hasta que se resuelva el asunto común en otro tribunal o arbitraje.
3. El árbitro puede decidir suspender el arbitraje o tomar otras medidas para evitar que el fallo del arbitraje entre en conflicto con el fallo de otro tribunal o arbitraje.
4. Si el árbitro decide suspender el arbitraje, se espera a que se resuelva el asunto común en el otro tribunal o arbitraje.
5. Una vez que se resuelve el asunto común, el arbitraje se reanuda y el árbitro emite su fallo.

Dado que la figura de la prejudicialidad en el arbitraje no está regulada, pero se utiliza ampliamente, hemos decidido abordar algunas preguntas que han surgido en cuanto a su aplicación correcta, basándonos en la experiencia internacional y profesional:

4.1. ¿En qué etapa del proceso arbitral se debe de presentar la prejudicialidad?

Según la Ley Modelo de la Comisión de las Naciones Unidas para el Derecho Mercantil Internacional, sobre Arbitraje Comercial Internacional de 1985, con enmiendas aprobadas en 2006 (en adelante, Ley Modelo), el proceso arbitral cuenta con las siguientes etapas: (i) postulatoria, (ii) probatoria, (iii) decisoria, (iv) recursiva y (v) ejecutoria.

Ante ello, cabe cuestionarse en cuál de estas etapas correspondería se interponga una excepción o defensa de prejudicialidad.

La regla general en cuanto a excepciones es que estas sean planteadas como máximo al momento de la presentación de la contestación de demanda, es decir, en la etapa postulatoria, tal como lo dispone el artículo 16.2 de la Ley Modelo[35], de la siguiente manera:

---

35 Ley Modelo de la Comisión de las Naciones Unidas para el Derecho Mercantil Internacional sobre Arbitraje Comercial Internacional de 1985 con enmiendas adoptadas en 2006, Documento de las Naciones Unidas A/40/17 Anexo I, 21 de junio de 1985. Art. 16.

> *"Artículo 16. Facultad del Tribunal Arbitral para decidir acerca de su competencia*
> *(...)*
> ***2) La excepción de incompetencia del Tribunal Arbitral deberá oponerse a más tardar en el momento de presentar la contestación**. Las partes no se verán impedidas de oponer la excepción por el hecho de que hayan designado a un árbitro o participado en su designación. La excepción basada en que el Tribunal Arbitral ha excedido su mandato deberá oponerse tan pronto como se plantee durante las actuaciones arbitrales la materia que supuestamente exceda su mandato. **El Tribunal Arbitral podrá, en cualquiera de los casos, estimar una excepción presentada más tarde si considera justificada la demora.** (...)" (El subrayado es agregado)*

Sin embargo, como se puede apreciar en el artículo citado, a esta regla le caben singularidades, puesto que el mencionado artículo dispone que el Tribunal Arbitral podrá valorar una excepción que haya sido presentada con posterioridad a la etapa postulatoria, siempre que considere justificada dicha demora.

Por lo tanto, consideramos que la excepción o defensa de prejudicialidad puede ser interpuesta en cualquier etapa procesal con anterioridad a la emisión del Laudo Arbitral, es decir, que esta puede ser alegada aun cuando la etapa postulatoria haya concluido.

La razón por la cual sostenemos que debe ser solicitada con anterioridad a la expedición del Laudo Arbitral es porque la figura de la prejudicialidad busca suspender el proceso y, por lo tanto, evitar pronunciamientos dispares, por lo cual, carecería de sentido interponerla antes de la instalación del arbitraje como después de la emisión del Laudo, cuando el pronunciamiento ya se ha efectuado.

Esto debido a que el proceso penal conexo podría iniciarse con posterioridad a la presentación de la contestación de demanda o, incluso, se puede tomar conocimiento de dicho proceso con posterioridad a la etapa postulatoria.

Y, al ser dicho proceso penal un hecho relevante para el arbitraje, el Tribunal Arbitral debería aceptar la demora en la interposición de la excepción y valorarla en caso esta cumpla con los presupuestos necesarios, sobreponiendo el principio de veracidad al principio de preclusión, en aras de un arbitraje transparente y equitativo.

4.2. *¿Qué criterios debería seguir el Tribunal Arbitral para suspender el arbitraje?*

Como hemos podido observar, debido a la falta de una regulación explícita sobre la prejudicialidad en el ámbito del arbitraje, la decisión de suspender un proceso en caso de existir un posible caso de prejudicialidad es dejada a la discreción y criterio del Árbitro.

Es evidente que no suspender un proceso, aún si existe una posible prejudicialidad, podría tener consecuencias graves, como la emisión de sentencias que sean contradictorias entre sí. Por lo mismo, para no caer en la discrecionalidad, consideramos que los árbitros deben de tener unos parámetros que deben regir para analizar la suspensión del arbitraje.

Por lo que, estimamos que es posible la suspensión del arbitraje, siempre y cuando se cumplan con los siguientes requisitos: Se trate de hechos íntimamente relacionados.

Respecto a este punto, debemos decir que para que se pueda interponer la excepción de prejudicialidad en el arbitraje, debe existir otro proceso en el cual se están investigando hechos que sean conexos con la materia controvertida del proceso arbitral.

Al respecto, debe resaltarse que la conexidad no implica identidad en sentido estricto entre las pretensiones de ambos procesos (es decir, aquella que se evalúa bajo los requisitos de la triple identidad), pues, como ya se mencionó, ello ameritaría más bien una excepción de litispendencia, en lugar de una excepción de prejudicialidad.

Según el doctor Apolín, citado por el profesor Pérez Prieto, la conexidad es una situación que vincula a las pretensiones y se presenta cuando, comparando dos o más pretensiones, se verifica la identidad entre alguno de los elementos que la constituyen, es decir, entre el objeto (petitum) y la causa (causa petendi) o alguno de los elementos de ésta última[36].

---

[36] Roberto José Pérez Prieto de las Casas, *El Tratamiento de la Cuestión Prejudicial entre el Arbitraje y el Proceso Judicial: ¿El Arbitraje debe suspenderse o continuar?* (Tesis de maestría, Pontificia Universidad Católica del Perú 2015) 41.

Y ello tiene sentido, si consideramos que la prejudicialidad es la conexión lógica y subordinada que existe entre dos pretensiones de procesos diferentes. Esta conexión implica que un reclamo no puede ser resuelto de manera válida sin que se resuelva primero el otro[37].

Sin embargo, sumado a la conexidad, también consideramos que es importante resaltar la subordinación, pensada como la dependencia que existe en un proceso y otro, de modo que lo que debe resolver un Juez respecto de una pretensión se convierte en presupuesto lógico necesario para poder resolver la otra[38].

La subordinación de procesos puede tener importantes implicaciones para la gestión del tiempo y recursos en el ámbito legal, y puede afectar significativamente el resultado final de los procesos involucrados. Por ello, es valioso que los árbitros sean capaces de identificar los casos de subordinación y aplicar las medidas necesarias para gestionarlos adecuadamente.

Esta posición también se encuentra reconocida en la sentencia del Caso N° 582/2010[39] emitido por la Audiencia Provincial de Madrid con fecha 23 de febrero del 2011, donde se precisa que: *"(…) no es suficiente una mera conexión entre los hechos objeto del proceso penal y los sometidos al arbitraje para apreciar la prejudicialidad penal y suspender el procedimiento, sino se debe conocer que la decisión del tribunal penal pueda tener influencia decisiva en la resolución sobre el asunto civil. (…)"*

Por otro lado, podemos mencionar que puede devenir un problema, en caso el Tribunal Arbitral no suspende el arbitraje ante una acción penal, dado que esto podría generar una afectación al orden público del Estado donde se encuentre el arbitraje, el mismo podría acarrear en una impugnación (anulación) del laudo.

---

37 Enrico Liebman. *Problemi del proceso civile.* (Morano Editores, 1962) 292.

38 Giovanni Francezco Priori Posada, *La suspensión del proceso por prejudicialidad en el proceso civil peruano* (2010) 40 Ius Et Veritas, 282.

39 *D. Santiago y D. María Inés vs. Laudo Arbitral de Derecho con referencia 1774-77 de 26 de marzo de 2010,* Sección 25ª de la Audiencia Provincial de Madrid, 26 de noviembre del 2010, 582/2010 (España).

Este actuar ha sido reflejado por el Tribunal Supremo de Justicia de Madrid[40], en donde mediante un recurso de anulación la parte que había solicitado la cuestión prejudicial, y la cual fue rechazada por el Tribunal Arbitral, solicitó al juez analizar los méritos evaluados por el precitado Tribunal, llegando a la conclusión que el mismo habría vulnerado el orden público al denegar la suspensión del proceso arbitral existiendo paralelamente un proceso penal en donde se discutía la veracidad de un documento íntimamente relacionado a las pretensiones vertidas en el proceso arbitral.

En este caso el Juez concedió la anulación del laudo con base en la prevalencia del orden público, cuál es el conjunto de principios, normas generales rectoras y derechos fundamentales dentro de la Constitución española y del ordenamiento jurídico, y que no pueden derivarse de la voluntad de las partes. Además, valoró que contrariamente a lo que había decidido el Tribunal Arbitral, existía una estrecha conexión entre el asunto sometido a arbitraje y la investigación penal.

Entonces, desde nuestra posición, para que el arbitraje se suspenda será por la existencia de un proceso íntimamente relacionado a los hechos materia de arbitraje, con el afán de cumplir con los requisitos de conexidad y subordinación, tomando en consideración los efectos de la no suspensión del arbitraje.

4.3. ¿En qué etapa se debería suspender el Arbitraje?

Es común pensar que cuando se evalúa y se determina que la cuestión prejudicial es procedente, el Arbitraje deberá suspenderse en la fase en que se encuentre, ya sea después de la fase de presentación de alegatos o durante la fase de presentación de pruebas.

Ahora, debemos tener presente el actuar de las partes, que pueden darse al momento de presentar una solicitud de prejudicialidad. Para ello, el profesor Pérez Prieto[41], comentando al profesor Jordi Nieva,

---

40 *Sociedad Estatal Aguas de las Cuencas del Mediterráneo S.A. (Acuamed) vs. Ute IV Ingenieros Consultores S.A.*, Sala de lo Civil y Penal del Tribunal Superior de Justicia, 22 de marzo del 2019, 3730/2019 (España) 4.

41 Pérez Prieto de las Casas (n36) 75.

precisa que, en la mayoría de los casos, la iniciación de procesos de este tipo se hace con intención maliciosa, lo que conduce a un propósito dilatorio en la mayoría de los casos.

En consecuencia, si se plantea una suspensión del arbitraje debido a una cuestión prejudicial, el árbitro debe encontrar una manera de seguir adelante con el arbitraje a pesar de dicha cuestión; sin afectar el derecho de las partes a una Tutela Jurisdiccional Efectiva.

Por lo tanto, con el propósito de respetar tanto la finalidad de la prejudicialidad como de minimizar el impacto en el proceso arbitral, creemos que el Tribunal Arbitral puede suspender el arbitraje, solo antes del cierre de la instrucción y del comienzo del plazo para emitir el Laudo.

Para esto, es necesario preguntar ¿qué es lo que realmente se busca con la prejudicialidad? Recordemos que el objetivo de la prejudicialidad es asegurar que se respeten los principios de economía procesal, coherencia y seguridad jurídica, y que se eviten decisiones contradictorias o incongruentes.

Con base en ello, permitir que el arbitraje continúe hasta el plazo para emitir el Laudo no afecta la seguridad jurídica de las partes, ni tampoco aumenta el riesgo de decisiones contradictorias. Por el contrario, esta continuidad limitada permite que las partes y los árbitros procedan normalmente dentro del arbitraje, presenten sus argumentos, presenten pruebas y analicen su teoría del caso en el contexto de la naturaleza de la controversia arbitral.

Y ello no afectaría con la prejudicialidad concedida en el arbitraje, pues, recordemos que el Tribunal Arbitral al no dar por iniciado el plazo para laudar, tiene la facultad para valorar y examinar la decisión emitida en el proceso que fue causa de la solicitud de la prejudicialidad en dicha etapa, y es que como lo señala el numeral 2) del artículo 19 de la Ley Modelo, a falta de acuerdo, el Tribunal Arbitral podrá, dirigir el arbitraje del modo que considere apropiado; siendo esta facultad replicada en diversas legislaciones del mundo.

En conclusión, si es necesario suspender el Arbitraje, pues, que se realice en la última etapa del mismo, no va a afectar el derecho de defensa de las partes, y se va a poder cumplir con las actuaciones arbitrales, y ello va a generar que las partes mismas conozcan mejor su teoría del caso. Y así, la suspensión por prejudicialidad ya no tendría como efecto secundario negativo el retraso innecesario del proceso que debe ser suspendido.

4.4. En casos de la prejudicialidad penal: ¿En qué etapa procesal debe estar el proceso penal para ser considerado materia relevante en el proceso arbitral?

El proceso penal, a grandes rasgos, cuenta con las siguientes etapas: (i) investigación preparatoria, la cual se divide en diligencias preliminares e investigación preparatoria, esta inicia con la denuncia y es dirigida por el fiscal para reunir los elementos de convicción, cargo y descargo que le permitan formular una acusación o no; (ii) etapa intermedia, en la cual se realiza el control de la acusación, se resuelven las excepciones, se pronuncian sobre las incidencias, entre otros, y (iii) juicio oral, o fase de juzgamiento, en donde se desarrollan los alegatos de las partes, así como la actuación probatoria, entre otros actos[42]. Ante ello, cabe preguntarse desde cuando el proceso penal conexo adquiere la trascendencia suficiente como para causar efectos en el proceso arbitral.

Como se mencionó, la etapa de investigación preparatoria se divide, a su vez, en dos etapas. Es así como, los pasos previos a la formalización de una investigación preparatoria son conocidos como "diligencias preliminares". El objetivo de estas diligencias es determinar la veracidad del hecho denunciado, confirmar si el hecho es delictivo, identificar a los posibles responsables del delito y recolectar pruebas que indiquen la existencia del delito.

Posteriormente, si el fiscal cuenta con indicios reveladores de la existencia del delito, la acción penal no ha prescrito y se ha individualizado a los presuntos responsables del hecho, el fiscal podría promover la acción penal mediante la disposición fiscal de formalización y continuación de la investigación preparatoria[43].

---

[42] William Arana Morales, *Manual de Derecho Procesal Penal.* (Gaceta Jurídica S.A, 2014) 46.

[43] Arana Morales (n42) 47.

Por otro lado, la investigación preparatoria propiamente dicha, también dirigida por el fiscal, es una etapa que conforme lo establece su denominación, permite incorporar elementos de convicción que permitirán al fiscal preparar un escenario idóneo para adoptar una decisión adecuada en la etapa intermedia del proceso, en la que el fiscal se puede pronunciar acusando o formulando un requerimiento de sobreseimiento o incluso un requerimiento mixto, acusando en parte y solicitando el sobreseimiento respecto de otro extremo de la imputación formalizada; en tanto que al imputado le permitirá preparar su defensa[44].

Al respecto, consideramos que debe ser a partir de la formalización de la investigación preparatoria, y no desde las diligencias preliminares, que el proceso penal adquiere la relevancia requerida como para servir de fundamento de una excepción de prejudicialidad en el proceso arbitral.

Esto en razón a que, la mera denuncia carece de trascendencia suficiente como para suspender un arbitraje, darle dicha connotación podría conllevar a actos de mala fe de una parte del arbitraje, donde se interponga una denuncia sin fundamentos con el fin de paralizar o entorpecer el proceso arbitral.

Por otro lado, en la investigación preparatoria propiamente dicha, ya existe un pronunciamiento de un tercero ajeno al proceso arbitral, como lo sería el fiscal, en donde, mediante la disposición de formalización y continuación de la investigación preparatoria, declara que existen indicios reveladores de la existencia del delito. Dicho instrumento sería el sustento de la excepción de prejudicialidad que debería ser valorada por el Tribunal Arbitral.

5. CONCLUSIONES

Como hemos podido apreciar el tema de la prejudicialidad en distintos países aún es volátil no existiendo regulación ni criterios uniformes para su aplicabilidad, así, de la revisión de jurisprudencia colombiana, española, peruana y de laudos del Centro de Arbitraje de la Cámara

---

44 *Ídem.*

de Comercio Internacional hemos obtenido ciertos alcances referidos al uso de la prejudicialidad en distintos procesos y su relación con el arbitraje.

En ese sentido, es importante aclarar que la prejudicialidad no debe considerarse un obstáculo para las partes ni para el proceso, pues, su propósito es asegurar obtener una decisión justa e imparcial. Sin embargo, esto es un desafío debido a la falta de criterios unificados, por lo que, en este ensayo se han proporcionado algunas pautas en línea con la revisión dogmática.

La cuestión relevante planteada respecto a la prejudicialidad se puede resumir en responder las siguientes interrogantes: ¿Se debe de suspender el arbitraje? ¿En qué etapa del proceso arbitral deberá presentarse la prejudicialidad? ¿Es necesario que el arbitraje se suspenda o es suficiente con no emitir el Laudo? Sobre ello, se estableció qué criterios deberá seguir el Tribunal Arbitral y las partes para una correcta aplicación de la prejudicialidad.

Asimismo, ante la falta de criterios para determinar en qué etapa del proceso penal se deberá presentar la prejudicialidad se concluyó que la misma deberá realizarse a partir de la formalización de la investigación preparatoria y no desde las diligencias preliminares, debido a que, el proceso penal adquiere relevancia en la investigación preparatoria donde se formaliza la investigación y el fiscal ha encontrado fundamentos en la petición penal.

En conclusión, la prejudicialidad es un tema novedoso y que guarda relevante relación con el arbitraje, siendo así, necesario establecer distintos criterios para coadyuvar a la decisión de los árbitros, buscando la protección de la seguridad jurídica de los procesos en distintos órganos.

6. BIBLIOGRAFÍA

Libros

Arana Morales W, *Manual de Derecho Procesal Penal* (Gaceta Jurídica S.A 2014).

Devis Echandía H, *Teoría General del Proceso* (3era edición, Temis 2022).

Artículos de Revista

Cámara de Comercio Internacional. Dispute Resolution Bulletin 2019 (2019) No. 3

Higashiyama E, "Teoria do Direito Sumular" (2011) 36 Revista de proceso.

Izquierdo Sans C, "Cuestión prejudicial y artículo 24 de la Constitución española" (2011) 23 Revista General de Derecho Europeo.

Liebman E, "Problemi del proceso civile" (Morano Editores, 1962).

Priori Posada G F, "La suspensión del proceso por prejudicialidad en el proceso civil peruano" (2010) 40 Ius Et Veritas.

Virzi F, "La prejudicialidad penal en el arbitraje" (2017) 28 Spain arbitration review: revista del Club Español de Arbitraje.

Tesis

Pérez Prieto de las Casas R J, *El Tratamiento de la Cuestión Prejudicial entre el Arbitraje y el Proceso Judicial: ¿El Arbitraje debe suspenderse o continuar?* (Tesis de maestría, Pontificia Universidad Católica del Perú 2015).

Serrano Burgos K, *La Interpretación pre judicial del Tribunal de Justicia de la Comunidad Andina en el Arbitraje: Debates en torno a su exclusión* (Tesis de maestría, Universidad Libre, 2022).

Jurisprudencia

Caso Proinsol. Tribunal Superior de Justicia de Murcia. 28 de junio del 2012, AC 2012/848 (España).

Centrimed Ltda vs. Tribunal de Arbitramiento de Centrimed Ltda vs. Hospital Militar Central, Sala Cuarta de Revisión de la Corte Constitucional, 20 de febrero del 2003, T-136/03 (Colombia).

Claimant(s) v. Respondent(s) (2019) CCI 13706, (2019) CCI Dispute Resolution Bulletin.

D. Santiago y D. María Inés vs. Laudo Arbitral de Derecho con referencia 1774-77 de 26 de marzo de 2010, Sección 25ª de la Audiencia Provincial de Madrid, 26 de noviembre del 2010, 359/2010 (España).

Doña Estela vs. Doña Leticia, Sala Primera de lo Civil del Tribunal Supremo, 13 de setiembre de 2016, 530/2016 (España).

Doña J.L. vs. Auto de la Sala de lo Social del Tribunal Supremo de 22 de noviembre del 2005, Sala Primera del Tribunal Constitucional, 28 de septiembre del 2009, 192/2009 (España).

Krug Naval S.A.L. vs. D. Jose Daniel, otros., Sala Primera del Tribunal Supremo, 30 de mayo de 2007, 596/2007 (España).

Red Electrónica de España S.A.U. vs. Ordenanza fiscal del Ayuntamiento de Fariza, Sala de lo Contencioso del Tribunal Superior de Justicia, 05 de febrero del 2016, 739/2016 (España).

Ricardo Pino Trinidad vs. Sentencia de vista de veintidós de julio de dos mil veinte, Sala Penal Permanente de la Corte Suprema de Justicia de la República, 30 de mayo del 2022, Casación N° 313-2021/Moquegua (Perú).

Sociedad Cooperativa San Marcos de Casas del Monte vs. Grupo Alba Int. SLL, Sala Primera del Tribunal Supremo, 4 de abril de 2013, 209/2013 (España).

Sociedad Estatal Aguas de las Cuencas del Mediterráneo S.A. (Acuamed) vs. Ute IV Ingenieros Consultores S.A., Sala de lo Civil y Penal del Tribunal Superior de Justicia, 22 de marzo del 2019, 3730/2019 (España).

Viviane y Michael Ventura vs. Laudo Arbitral de 27 de abril del 2016 proferido en el caso n.° 19728/ASM administrado por la Cámara de Comercio Internacional, Sala de Casación Civil de la Corte Suprema de Justicia de Colombia, 15 de enero del 2019, SC001-2019 (Colombia).

Normas

Código Procesal Civil. Decreto Legislativo N° 768, 4 de marzo de 1992 (Perú).

Código Procesal Penal. Decreto Legislativo N° 957. 29 de julio del 2004 (Perú).

De Enjuiciamiento Civil, Ley nº 1/2000, 7 de enero de 2000 (España).

Decreto Legislativo que norma el arbitraje, Decreto Legislativo N° 1071, 27 de junio de 2008 (Perú) núm. 1 y 3, art. 34.

Del Poder Judicial, Ley Orgánica nº 6/1985, 1 de julio de 1985 (España)

Ley Modelo de la Comisión de las Naciones Unidas para el Derecho Mercantil Internacional sobre Arbitraje Comercial Internacional de 1985 con enmiendas adoptadas en 2006, Documento de las Naciones Unidas A/40/17 Anexo I, 21 de junio de 1985.

Por medio de la cual se expide el Código General del Proceso y se dictan otras disposiciones, Ley 1564 de 2012, 12 de julio del 2012 (Colombia).

Por medio de la cual se expide el Estatuto de Arbitraje Nacional e Internacional y se dictan otras disposiciones, Ley 1563 de 2012, 12 de julio de 2012 (Colombia).

"Impacto del arbitraje de inversión en las políticas públicas ambientales de los países"

RONALDO CRISTIAN PAREDES INFANTES
CORPORATEMADEN[1]
(Perú)

SUMARIO: I. Introducción. __ II. Arbitraje de Inversión. __ III. Políticas Públicas Ambientales. __ IV. Convención de Nueva York de 1958. __ V. Desafíos en la Interpretación de Tratados de Inversión. __ VI. Consideración de Intereses Públicos vs. Intereses Privados. __ VII. Efecto Disuasorio sobre Políticas Ambientales. __ VIII. Estudio de Casos. __ IX. Análisis Comparativo. __ X. Recomendaciones. __ XI. Reflexiones Críticas. __ XII. Conclusiones. __ XIII. Bibliografía.

RESUMEN

Este artículo analizará cómo las decisiones tomadas en el arbitraje de inversión pueden influir las políticas públicas ambientales de los países. El arbitraje de inversión, un mecanismo para solucionar disputas entre inversionistas extranjeros y Estados anfitriones se ha convertido en un tema crucial en el contexto de la protección del medio ambiente. Las políticas públicas ambientales son fundamentales para abordar cuestiones como el cambio climático, la conservación de recursos naturales y la biodiversidad. Este estudio se enfoca en la interacción entre el arbitraje de inversión y estas políticas.

Palabras Clave: arbitraje de inversión, políticas públicas ambientales, protección del medio ambiente y conservación de recursos naturales.

ABSTRACT:

This article will analyze how decisions made in investment arbitration can influence countries' public environmental policies. Investment arbitration, a mechanism for settling

---

1 Participante de la "III Edición del Premio Guillermo Aguilar Álvarez".

disputes between foreign investors and host States, has become a crucial issue in the context of environmental protection. Environmental public policies are key to addressing issues such as climate change, natural resource conservation and biodiversity. This study focuses on the interaction between investment arbitration and these policies.

Keywords: investment arbitration, environmental public policies, environmental protection and natural resource conservation.

1. INTRODUCCIÓN

En el ámbito del derecho internacional y las relaciones económicas transfronterizas, el arbitraje de inversión se ha convertido en un mecanismo fundamental para garantizar la protección de los derechos de los inversores extranjeros. Sin embargo, en las últimas décadas ha surgido un creciente interés en la interacción entre el arbitraje de inversión y las políticas públicas ambientales. Esta intersección plantea desafíos significativos y suscita cuestiones fundamentales sobre cómo equilibrar los derechos de los inversores con la necesidad apremiante de proteger el medio ambiente suscitando promover el desarrollo sostenible.

Este artículo de investigación se sumerge en el análisis crítico de casos emblemáticos que involucran disputas entre inversores extranjeros y Estados anfitriones en el contexto de cuestiones medioambientales. Estos casos arrojan luz sobre los dilemas y las complejidades que rodean esta relación, destacando la necesidad de abordar estas cuestiones de manera equitativa y sostenible.

Dos casos específicos, "República de Bolivia vs Aguas de Tunami" y "Metalclad Corporation vs Estados Unidos Mexicanos", se presentan como ejemplos paradigmáticos para explorar cómo los procesos de arbitraje de inversión pueden influir en las políticas públicas ambientales y viceversa. Estos casos resaltan la importancia de encontrar un equilibrio adecuado entre los intereses privados de los inversores suscitando el interés público en la protección del medio ambiente.

El artículo también ofrece recomendaciones para mejorar el proceso arbitral, promover la participación pública y aumentar la transparencia en estos casos. Además, se reflexiona sobre la necesidad apremiante de salvaguardar el interés público suscitando el desarrollo sostenible en medio de la interacción entre el arbitraje de inversión y las políticas públicas ambientales.

En última instancia, este estudio destaca la relevancia crítica de esta área de investigación, ya que las decisiones en los casos de arbitraje de inversión pueden tener un impacto duradero en la capacidad de los Estados para tomar medidas en favor del desarrollo sostenible suscitando la protección del medio ambiente.

2. ARBITRAJE DE INVERSIÓN

Si hay una controversia con respecto al derecho internacional de inversiones, ¿cómo se llegan a solucionar? Pues, por medio del sistema de solución de controversias, también llamado arbitraje de inversiones. Pero ¿qué tiene como base? Pues en la convención de CIADI, en los TBI y desarrollos jurisprudenciales.

Todo esto nos lleva a preguntarnos cómo se llegó a acordar que los Estados parte de ciertos convenios se obliguen a iniciar el arbitraje para todo tipo de disputa de carácter internacional que haya acontecido entre ellos, ya sea por motivo de reclamación de un derecho, en donde una parte formula contra la otra por motivo de incumplimiento de un tratado o causa diversa, sin que este haya podido tener un ajuste diplomático.

Todo inició cuando Estados Unidos invitó a los diferentes gobiernos de las Repúblicas Americanas a la "Primera Conferencia Interamericana o Internacional Americana", celebrada en Washington, del 2 de octubre de 1889 al 19 de abril de 1890

La finalidad más importante fue la de la adopción de un plan de arbitraje para el arreglo de los desacuerdos y cuestiones que pudieran surgir con el paso del tiempo respecto a los participantes de la conferencia.[2]

Teniendo en cuenta este contexto y, a un nivel regional, los países de Venezuela, Bolivia, Chile, Uruguay, Costa Rica, Guatemala, Perú, Honduras, Ecuador, Haití, Colombia, Brasil, México, Paraguay, Panamá, Ni-

---

2 URRUTIA, F.J.: La evolución del principio de arbitraje en América. La Sociedad de Naciones, ed. América, Madrid, 1920. P. 298

caragua, Cuba, El Salvador, República Dominicana y los Estados Unidos de América, representados en la conferencia anterior dada en Washington, y conforme a la Resolución aprobada en la Sexta Conferencia Internacional Americana celebrada en la ciudad de La Habana, el 18 de febrero de 1928.

A todo esto, ¿En qué reposan las bases del arbitraje de inversión? Estos reposan en un tratado internacional suscrito entre el Estado de la nacionalidad del inversionista y el Estado receptor de la inversión. A través de este tratado se busca, obviando el hecho de no mediar ningún otro compromiso contractual, que el inversor afectado por ya sea una decisión ejecutiva, política, legislativa o administrativa con respecto a las autoridades del estado recepto, acuda ante esta tercera instancia arbitral no judicial para la resolución del asunto[3].

A todo esto, hablaremos del carácter en donde terceros ajenos a las partes tienen la posibilidad de participación, o también en donde esa "confidencialidad" no se aplica, ya que, en materia de inversiones, este cede en beneficio de la transparencia, ¿Y de qué manera exactamente? En el reglamento de arbitraje internacional se permite la participación de los "amigos del tribunal", estos como ya lo mencioné son terceros que pese a no tener una relación directa con las partes si estas deciden la participación de estos, pueden entrar en el proceso. Su labor consta el de la elaboración de informes y comentarios con respecto al tema de disputa, a través del añadido de conocimiento jurídico o técnicos para de esa forma incrementar la sustentación del litigio, y todo esto con el fin de ser apoyo para este tribunal tanto en tema de conocimiento y la debida aplicación del derecho[4].

---

3 FERNÁNDEZ ROZAS, J.C.: Anuario Argentino de Derecho Internacional..., op.cit. P. 33.

4 SOMMER, C.G.: "Los alcances del amicus curiae en el arbitraje internacional de inversiones", Revista de la Facultad de Derecho de la Universidad Nacional de Córdoba, 2011, vol. 2, nº. 2, Universidad Nacional de Córdoba, Córdoba, 2011. P. 162. A pesar de que los antecedentes de la institución de los amici curiae se remontan al derecho romano, este se consolidó primero en el Common Law anglosajona. Actualmente se está empezando a consolidar en el seno del arbitraje de inversiones; sobre todo en asuntos medioambientales.

Concluimos este apartado para mencionar que el arbitraje de inversión tiene ventajas como la de imparcialidad y neutralidad, ya que se lleva a cabo ante tribunales de arbitraje independientes e imparciales y, Los árbitros son generalmente personas expertas tanto en derecho internacional como en su área respectiva al caso, a la par que este no tiene ningún vínculo con las partes del específico caso, lo que ocasiona que este proceso sea equitativo y justo. Por otro lado, decir que este tipo de arbitraje brinda las medidas necesarias para presentar tanto los intereses de las partes como también poder proteger el territorio en donde se inició la disputa de arbitraje por temas medioambientales si ese fuese el caso.

3. POLÍTICAS PÚBLICAS AMBIENTALES

Antes que nada, ¿qué son las políticas públicas? Estas son aquellas directrices y estrategias diseñadas por el Estado que buscan conducir a los países hacia un desarrollo integral. Dichas políticas promueven una mayor actividad económica, como el crecimiento industrial, el incremento del consumo energético, la implementación de prácticas de riego más intensivas, la tala comercial de árboles y otras actividades que, en conjunto, suelen estar correlacionadas con la expansión económica.

Debemos apostar por el desarrollo sostenible ya que este no solo incorpora la defensa de valores ambientales, sino que también implica el desarrollo de los individuos y de las sociedades en las que se implementan estas políticas. Para que el desarrollo sostenible sea efectivo, es necesario reconocer que muchos problemas ambientales tienen su raíz en la pobreza. La reducción de la pobreza es un pilar fundamental para combatir la degradación ambiental, ya que esta afecta de manera desproporcionada a los más pobres. Por lo tanto, las políticas públicas deben enfocarse en la simbiosis del desarrollo sostenible y la gestión ambiental.

El Informe sobre Desarrollo Humano 2003 señalaba que las políticas ambientales deben descansar sobre seis grandes principios fundamentales:

1. Reforzamiento de las instituciones y de la gobernabilidad

Gran parte de los problemas ambientales tiene su raíz tanto en fallos constitucionales como en la debilidad de los gobiernos de turno. Se han reconocido tres disfuncionalidades principales: la falta de información de los ciudadanos, la escasa implementación y supervisión del cumplimiento de la normativa ambiental, y la inadecuada gestión y uso de los recursos generales. Estas deficiencias son consecuencia, en gran medida, de medidas políticas que se toman al margen, si no en contra, de los intereses de los ciudadanos y las comunidades. Por ello, se requiere una mayor participación ciudadana y descentralización, con el objetivo de mejorar la capacidad de gestión de los recursos y de intervención en la planificación y elaboración de políticas sostenibles para el futuro.

En situaciones donde el desarrollo de instituciones formalizadas pueda ser complicado para algunos Estados, se deben considerar mecanismos informales de regulación basados en la intervención de las comunidades afectadas y la solicitud de responsabilidad en la gestión. La mejora de la legislación no implica desregularización, sino el incremento de políticas y objetivos que beneficien a todas las partes afectadas. Las políticas en diferentes ámbitos deben complementarse y estar en simbiosis para lograr una aportación mutua significativa[5].

2. La sostenibilidad ambiental como política horizontal

Debemos tener en cuenta que la mayoría de las políticas públicas afectan al medioambiente, pero en muchas ocasiones no son tomadas en cuenta y menos se hacen las correspondientes acciones para enfrentar las consecuencias de estas. Debemos trabajar en el futuro de las políticas, estas deben tener como objetivo medioambientales puntos que sean tomados en cuenta desde el inicio del proceso de elaboración de las políticas, tanto desde la económica hasta la agraria. Para ello debemos conocer más a fondo el porqué de los problemas ecológicos y su interacción entre ellos, todo esto complementarlo con una sólida base científica. Luego necesitamos de una u otra forma medir los avances hechos en donde

---

5 COMISIÓN DE LAS COMUNIDADES EUROPEAS, "DOCUMENTO DE TRABAJO DE LA COMISIÓN La mejora de la legislación y las estrategias temáticas en el ámbito del medio ambiente".

debemos tener en cuenta la aplicación de metas e indicadores, los cuales serán de ayuda para ver el progreso del proceso de marco práctico de la política ya que nos dará el indicador de eficacia[6].

3. Mejora de la competitividad y supresión de las ayudas perjudiciales al medio ambiente

   Debe haber una superación entre los beneficios públicos y privados con respecto a las actividades económica ya que de esa forma la sociedad sería capaz de darse cuenta y asumir los numerosos costos ambientales de las variadas actividades, para de esa forma crear criterios correctores. Un elemento para tomar en cuenta es la señalada por la Directiva Marco de Aguas en la Unión Europea, cuando señala que "el principio de recuperación de los costes de servicios relacionados con el agua, incluidos los costes medioambientales y los relativos a los recursos asociados a los daños o a los afectos adversos sobre el medio acuático, deben tenerse en cuenta, en particular, en virtud del principio de quien contamina paga". Todo esto tiene como fin la introducción de "criterios verdes" con respecto a la contratación pública para, de esa forma, se asuma una responsabilidad de reducción al mínimo, ¿Qué cosa?, pues serían la de los impactos ambientales tanto en la compra de bienes como también en la compra de servicios, para de esa forma poder presentar una demanda de éstos que pueda ser identificada por la parte de proveedores y la parte de productores de la administración, a fin de generar un interés en producir y distribuir nuevas formas sostenibles al respecto de los productos y servicios tradicionales[7]. Tener en cuenta que el añadir y elaborar manuales para la integración de ciertos criterios medioambientales en los procesos de compra pública, hasta ahora es una iniciativa exitosa, que puede ser usado en demás legislaciones[8].

---

6 COMISIÓN EUROPEA. "Medio ambiente 2010: El Futuro Está En Nuestras Manos". Archive-It Wayback Machine.

7 "Compras verdes en la contratación pública. Dar ejemplo: ¡Esa es la clave!", en Ambienta. Revista del Ministerio de Medio Ambiente. n°52, febrero 2006, p. 13.

8 COMISIÓN EUROPEA, *¡Compras ecológicas! Manual sobre la contratación pública ecológica.* Oficina de Publicaciones Oficiales de las Comunidades Europeas, Lu-

4. Refuerzo de la cooperación internacional en la gestión ambiental

Ahora veamos los atentados ambientales sucedidos al largo de la historia como lo ocurrido en Chernobil, esto nos da a entender que no hay fronteras ni legislación o jurisdicciones que paren estos mismos que son consecuencia de la globalización con respeto a daños ambientales. Debemos buscar que haya un conjunto cooperativo entre los Estado para un trabajo en común ya que estos atentados perjudican y/o benefician a otros en donde se entrará nuevamente en un supuesto en donde lo más razonable sería el arbitraje teóricamente hablando, pero sabemos que en la práctica no será así.

Por ende, se debe mejorar el apoyo entre los Estados en donde se marquen metas a futuro y, que estos tengan relación con las necesidades sociales y ambientales reales, estas no deben tener influencia con intereses de una u otra parte que son parte de planes de poder o zonas de influencia.

Cuando haya reunión en conjunta con los mandatarios de los países debe haber un grupo que toque el punto medio ambiental, que haga que este tema será uno el cual deba discutirse aparte y periódicamente. Para de esa forma llegar a un plan en conjunto con los demás países que convendrían aplicar en todos los Estados participantes. Destacaremos y separaremos en dos grupos a los Estados. En el primer grupo tenemos a los Estados en desarrollo, los cuales deben centrarse en la integración de instrumentos y programas de cooperación; mientras que los Estados industrializados, los temas abordados deberían tener como base tanto los protocolos como también los convenios internacionales y, que estos se debatan en foros multilaterales.

Con respecto al accionar horizontal hay puntos a tomar en cuenta; el primero punto sería el de un fomento de dimensión ambiental en todo lo concerniente a reconstrucción tras un conflicto dado; el segundo punto trataría de la cooperación a las mejores con respecto a los derechos humanos, tanto en aspecto democrático como de gobernanza, que contribuyan al tema medioambiental;

xemburgo, 205.

y el tercer punto trataría respecto al apoyo de las actividades de prevención de conflictos, para de esa forma disminuir los efectos de estas con respecto a los recursos medioambientales y su uso.

Deberá haber en, tanto negociaciones como tratados internacionales, apartados que brinden seguridad jurídica con relevancia al medio ambiente que tengan como consecuencia una responsabilidad para las partes internacionales involucradas y, si llegase a ocurrir un imprevisto que las responsables tengan asistencia técnica para menguar los daños que ocasionaron, tener en cuenta que en su proceso de lo que sea que se haga deben tener tecnología limpia y, presentar ante la otra parte una estrategia que prevea todo tipo de casos con respecto a los estudios de impacto medioambientales.

Para finalizar, soltaremos la idea de que debe hacer una mejora en la legislación institucional, exactamente mediante una integración sistemática de temas respecto al ambiente y, ver las preocupaciones de los foros internacionales. Aparte, garantizar una mayor coherencia en los debates bilaterales y multilaterales, así como entre las distintas organizaciones internacionales[9]

5. Mejora de la tecnología y conocimientos ambientales

Ahora connotaremos la importancia de las inversiones con el fin de investigación y desarrollo, teniendo en cuenta las dificultades que afrontan los países en vía de desarrollo y, los países pobres a la hora de querer implementar tecnologías ambientales adecuadas. Otro punto para tratar es la realidad que se sabe de los ecosistemas naturales, ya que el conocimiento que se tiene de estos suele ser indigente, pero eso nos da apertura a que podamos conocerlos y desarrollarlos al, lo que se espera, punto de la autosostenibilidad. Por ende, debe seguir avanzando el intercambio de los comités científicos internacionales tanto en tema informativo como de recursos. Ojo, hay que tener en cuenta que estos conocimientos que

---

[9] DIARIO OFICIAL DE LA UNIÓN EUROPEA. "Coherencia de las políticas de la UE en favor del desarrollo y concepto de «Ayuda Oficial al Desarrollo plus»". EUR-Lex — Access to European Union law — choose your language, 18 de mayo de 2010.

se nos brindarán deben ser usados a forma de pesquisa, ya que los responsables de hacer políticas públicas deben tener en cuenta una data confiable y, adecuada a los problemas ambientales generados por las actividades; un ejemplo es el trabajo que hace la IPCC[10].

6. Apuesta por la conservación

Ahora se hablará respecto a la creación de zonas protegidas, ya que estas son opciones viables para las conservaciones de todos los seres que habitan ciertos lugares y sus ecosistemas respectivos. Tengamos en cuenta que la conservación es un eje fundamental respecto a las estrategias de gestión sostenible de cualquier territorio y sus respectivos recursos. A la par, debe haber información que deben saber los pobladores de estos territorios para la conservación de estas áreas a proteger, lo bueno es que son pocos los casos en donde estos estén en contra de su territorio y, por ende, su explotación.

Concluir con las ideas de que un país como el nuestro en vía de desarrollo si bien tiene como principales financistas al sector explotadores de recursos naturales en forma de materia prima, si bien generan abundante riqueza, tiene aún grandes impactos ambientales, pese a esto siguen primando sobre una buena sostenibilidad ambiental y, la social. SI seguimos así llegaremos a un punto insostenible en donde ni siquiera nuestra supervivencia estará asegurada, requerimos defender nuestra existencia, ya que con una adecuada política pública por partes de los Estados sumamos un grano de arena que, en conjunto en cierto momento espero pueda ser ese desierto llamado "mundo autosostenible" que no dependa tanto de factores artificiales para poder seguir autorregulando y existiendo. No olvidar el punto vital de esto, el cual es el de la participación ciudadana, ya que las políticas públicas tienen que ir en sentido de una sostenibilidad operante por los mismos ciudadanos en doble sentido: un compromiso en la implantación de las medidas que se tratarán y una activa participación en la forma en que se adoptarán las decisiones a tomar.

---

10 https://www.ipcc.ch/languages-2/spanish/

4. CONVENCIÓN DE NUEVA YORK DE 1958

La creación de la Convención de Nueva York nace de la Conferencia de las Naciones Unidas sobre Arbitraje Comercial Internacional en donde le dieron la importancia del caso a la resolución de conflictos comerciales internacionales a través del arbitraje internacional, la Convención de las Naciones Unidas sobre el Reconocimiento y la Ejecución de las Sentencias Arbitrales Extranjeras tiene como labor el establecimiento de normas legislativas comunes para el reconocimiento de pactos o acuerdos de arbitraje y su posterior ejecución, en donde me refiero a las sentencias dadas o los laudos arbitrales extranjeros y no nacionales. Especificar el hecho de que por el término "sentencias o laudos no nacionales" me refiero a aquellos que fueron dictados por el Estado que prevé su ejecución, ya son denominados "extranjeros" por la ley de ese Estado ya que el procedimiento seguido tiene en su estructura algún elemento de extranjería; un ejemplo es cuando se usan normas procesales de otro Estado[11].

Prosiguiendo con esta convención, ¿Cuál es su finalidad principal?, pues es la de evitar que las sentencias arbitrales entre nacionales como las extranjeras, sean objeto de discriminación, por lo que este tiene ante los Estados parte, un carácter obligatorio, es decir vela por el que estas sentencias sean reconocidas en su jurisdicción y su posterior ejecución. Ahora yéndonos a una finalidad secundaria, sería la de obligar a los tribunales de los Estados parte para que se haga efectiva los acuerdos de arbitraje negándose la admisión de demandas en donde el demandante incurra en una violación del acuerdo con respecto a la remisión de cierta cuestión ante un tribunal arbitral.

Ahora hablaremos respecto a las disposiciones generales, yéndonos a una lectura respecto a la convención podemos dilucidar que esta se aplica a sentencias arbitrales, específicamente a aquellas dictadas en el territorio con respecto a una Estado distinto del cual se pide su reconocimiento y posterior ejecución. Otra aplicación la tenemos en las sentencias arbitrales que no son consideradas como sentencias

---

11 CONVENTION ON THE RECOGNITIO AND ENFORCEMENT OF FOREIGN ARBITRAL AWARDS (New York, 1958). The New York Convention Guide 1958. [Fecha de consulta: 17 de setiembre de 2023]. Disponible en: http://newyorkconvention1958.org/index.php?lvl=cmspage&pageid=10&menu=866&opac_view=-1

nacionales ya que al momento de adoptar la Convención por medio de declaración un Estado hará que esta solo se aplique a sentencias arbitrales realizadas en el territorio de otro Estado parte. Por otro lado, el Estado tiene la posibilidad de escoger los casos de aplicación de la Convención, exactamente solo a las relaciones jurídicas las cuales por su derecho interno son denominadas "comerciales".

El Convenio también contiene una serie de acuerdos o pactos de arbitraje, esto se incluyó por la posibilidad de que haya una negatoria en la ejecución de una sentencia arbitral por la posibilidad de no reconocimiento del acuerdo de arbitraje. Por ejemplo, en el párrafo 1 del artículo II se obliga a los Estados parte a reconocer lo dispuesto en los acuerdos arbitrales formulados por escrito. Y gracias a esto, la CNUDMI aprobó en su treinta y nueve periodo de sesiones datado en el año 2006, una sugerencia que tenía con fin el de orientar a los Estados partes la interpretación de la disposición contenida en el párrafo 2, artículo II en donde un acuerdo arbitral debe estar debidamente escrito y deben incluir la aplicación del párrafo 1, artículo VII en donde menciona que todas las partes interesadas pueden hacer efectivo su derecho para que de esa forma se le reconozca su derecho de validez de un acuerdo arbitral; y todo bajo os regímenes o tratados del país en donde se hizo presente el acuerdo.

Ahora yendo a la parte obligacional de los Estados, estos deben reconocer el carácter vinculante que es la estructura de las sentencias arbitrales que se reconocen en la Convención y, su posterior ejecución conforme a la lex fori. Si llegamos al caso en donde la Convención no haya estipulado ningún requisito con respecto al caso, los Estados parte decidirán las estipulaciones y reglamento que procederán a seguir.

Según el Dr. Georgian "*Son cinco las razones que la Convención especifica por las que se puede denegar el reconocimiento y la ejecución de una sentencia arbitral a instancia de la parte contra la cual es invocada, que son: la incapacidad de las partes, la invalidez del acuerdo de arbitraje, irregularidades procesales, extralimitaciones en cuanto al alcance del acuerdo de arbitraje, la incompetencia del tribunal arbitral y la anulación o suspensión de una 19 sentencia en el país en el cual, o conforme a la ley del cual, se ha dictado esa sentencia*"[12].

---

12 IOHAN LASCU, GEORGIAN SERGIU. "EL ARBITRAJE INTERNACIONAL DE INVERSIONES: PANORAMA PRESENTE Y PERSPECTIVAS DE FUTURO". Máster Universitario en Acceso a la Profesión de Abogado, Uni-

Para ya finalizar este apartado, debemos entender que la Convención tiene como objetivo promover el reconocimiento y la ejecución de sentencias y laudos arbitrales en la mayor cantidad posible de casos. Este mismo establece que los países no deben imponer condiciones más restrictivas que las previstas en la Convención para el reconocimiento y la ejecución. Sin embargo, se permite que se aplique cualquier disposición del derecho interno que otorgue derechos especiales o más favorables a la parte que solicita la ejecución de una sentencia. Los Estados pueden hacer declaraciones complementarias al firmar o ratificar la Convención, limitando su alcance en ciertos aspectos. También pueden denunciar la Convención mediante notificación escrita al secretario general de las Naciones Unidas, con efecto un año después de la notificación.

5. DESAFÍOS EN LA INTERPRETACIÓN DE TRATADOS DE INVERSIÓN

La primera cláusula dada a explicar serán las "*cláusulas generales*"[13], también llamados acuerdos bilaterales de inversión ya que tiene como consecuencias el colocar un conjunto de contratos estatales con inversionistas extranjeros bajo la protección de un tratado. Pero, uno de los puntos es el alcance de estas ya que esta no es uniforme al menos en los casos de acuerdos bilaterales de inversión, ya que algunos solo cubren diferencias relativas a la inversión según el acuerdo, o sea solo demandas por el no cumplimiento del acuerdo mientras que en otros casos la jurisdicción se extiende hasta de manera internacional creando así una obligación por lo que el país receptor debe, en caso de un ejemplo, observar toda obligación asumida, garantizar la observación permanente de los compromiso dados y demás asuntos con respecto a las inversiones. Estas disposiciones se llaman también efecto espejo, santidad de contrato, *pacta sunt servanda*. Estas son utilizadas meramente para

versidad de Alcalá, 2018. https://ebuah.uah.es/dspace/bitstream/handle/10017/40574/El%20Arbitraje%20Internacional%20de%20Inversiones.pdf?sequence=1&isAllowed=y.

13 NAUMI Kassim, Mohammed, DEXIANG Guo y YONGYEH Ngalim Elizabeth. "Legal Protection of Foreign Investment (FI) in Zanzibar: Lesson for China Investments". *Beijing Law Review* 12, n.º 4 (20 de diciembre de 2021).

garantizar aún más una protección que requieren los inversionistas extranjeros y, están dirigidos específicamente a los acuerdos de inversión extranjeros que los países que receptan suelen celebrar.

Ahora brindaré la clasificación con respecto al enfoque dada por el CEPAL[14]:

> *"Según el **enfoque limitado**, la existencia de una cláusula general no equipara automáticamente las reclamaciones de contratos a reclamaciones de tratados ya que esto negaría el efecto de la cláusula sobre la elección del foro para la solución de controversias en los contratos entre los inversionistas y el Estado. De acuerdo con el **enfoque amplio**, una cláusula general no tiene el efecto de ofrecer jurisdicción sobre las violaciones puramente contractuales."*

La segunda cláusula que se explicará será la de las cláusulas de estabilización también llamadas contratos estatales, estás son aquellas que tiene el efecto de colocar un conjunto de contratos con inversionistas extranjeros bajo un tratado internacional de inversión, este servirá de modo de protección. En esta se hallan tres maneras de formarlas (Shemberg, 2008, p. VII):

> *"• **Cláusulas de congelamiento**, que "congelan" la ley del país receptor con respecto al proyecto de inversión extranjera durante la vigencia de este. Aunque en muchos países no se permite al soberano prometer no legislar en el futuro, esta clase de cláusula puede ser importante para el arbitraje internacional según los acuerdos internacionales de inversión.*
>
> *• **Cláusulas de equilibrio económico**, que requieren que el inversionista extranjero cumpla con las nuevas leyes, pero que también exigen que este sea compensado por el costo de este cumplimiento (las compensaciones pueden ser aranceles ajustados, extensión de la concesión, reducciones impositivas o compensaciones monetarias, entre otras), aunque las excepciones no estén específicamente mencionadas en el contrato.*
>
> *• **Cláusulas híbridas** (así llamadas porque combinan aspectos de ambas categorías), que disponen que el Estado coloque al inversionista en la misma posición que tenía antes del cambio de la ley, y que incluyen, según se establece en el contrato, la exención respecto de nuevas leyes."*

---

14 Comisión Económica para América Latina y el Caribe (CEPAL), sobre la base de M. Malik, "The expanding jurisdiction of investment-State tribunals: lessons for treaty negotiators"

En conclusión, las obligaciones que surgen por los tratados que se ven representados en compromisos de duración inexorable que hasta pueden limitar el accionar de los gobiernos, y cuando se enfrentan a estos riesgos hay asuntos como la parálisis política puede restringir aún más el espacio de la política nacional que se encargan de una estrategia de desarrollo. Como consecuencia, esta parálisis regulatoria actúa como una parálisis política pero enfocada en la materia reguladora. Como menciona la CEPAL: "*Los gobiernos no se muestran dispuestos a llevar a cabo una regulación nacional legítima por temor a los procesos judiciales que puedan iniciar los inversionistas extranjeros. Por lo tanto, la cautela necesaria para administrar los riesgos de estos procesos de arbitraje puede limitar la política reguladora nacional y reducir la acción del gobierno receptor en áreas como la salud y la seguridad, el trabajo y el empleo, la herencia cultural y el medio ambiente, entre otras.*"

6. CONSIDERACIÓN DE INTERESES PÚBLICOS VS INTERESES PRIVADOS

Los tribunales arbitrales que se encargan de resolver disputas entre inversores extranjeros y Estados anfitriones deben equilibrar los intereses de los inversores con los intereses públicos en la protección del medio ambiente. En algunos casos, esto puede entrar en conflicto con las políticas ambientales de un país y, en el año 2019 ya se han dado situaciones en donde el desarrollo sostenible está en cuestión por el hecho de que los métodos usados son arcaicos y, requieren de nuevas formas de hacer las cosas respecto ya sea a la extracción de recursos, transporte, producción de energía y la fabricación. Por ejemplo, se da a entender que los inversores privados, exactamente aquellos que apuestan por inversiones en países en vías de desarrollo, tienen expectativas que cubran sus inseguridades en inversión a través de arbitraje de inversión y todo contra los Estados receptores y sus conductas que no van con los fines de estos privados. La interpretación de las cláusulas de los tratados de inversión relacionadas con el medio ambiente por parte de los tribunales arbitrales también puede influir en la aplicación de políticas públicas ambientales. La implementación del arbitraje de inversión puede limitar la capacidad de los países para implementar regulaciones y políticas ambientales, ya que los inversores pueden desafiar estas medidas como una violación de sus derechos bajo los tratados de inversión en dos situaciones, tanto cuando se requiere de permisos medioambientales y estos son retrasados o por no haber conseguido las licencias medioambientales necesarias y, cuando hay reformas legislativas o modificaciones en las políticas públicas tanto en obligaciones en materia de derechos humanos o, en la protección de comunidades locales o indígenas Esto puede llevar a un efecto de "regulatory chill", donde los países son reacios a implementar nuevas políticas ambientales por temor a ser demandados por los inversores. En general, el impacto del arbitraje de inversión en las políticas públicas ambientales dependerá de las circunstancias específicas de cada caso.

7. ESTUDIO DE CASOS

1. República de Bolivia vs Aguas de Tunami[15]: La adición al proceso arbitral con respecto al interés medioambientales

Debemos tener en cuenta el precedente el cual señala que, bajo favor del Banco Mundial, en 1999, el servicio de aguas en el país de Bolivia, exactamente en la ciudad de Cochabamba fue privatizado. La concesión de esta le fue dada a Bechtel Enterprise Holding, Inc[16], esta era una sociedad organizada conforme a la legislación de los Estados Unidos de América, que gracias a su subsidiaria local Aguas de Tunumi pudo actuar. Al poco tiempo de asumir la correspondiente gestión, este incrementa en más de un cincuenta por ciento el precio, el cual es catalogado como drástico por tema tarifario. Como consecuencia de esto genera descontento popular de cuantiosa magnitud (llamada como la "*Bolivian Water War*"), este acarreo manifestaciones con violencia incluida, el cierre de negocios y centros comunitarios

---

15 CENTRO INTERNACIONAL DE ARREGLO DE DIFERENCIAS RELATIVAS A INVERSIONES, caso *Aguas Tunari, S.A. vs República de Bolivia,* Washinton D.C.: 21 de octubre del 2005.

16 EARTHJUSTICE. "Bechtel Surrenders in Bolivia Water Revolt Case". Earthjustice, 19 de enero de 2006. https://earthjustice.org/press/2006/bechtel-surrenders-in-bolivia-water-revolt-case.

y, en la celebración de un referéndum popular. El gobierno ante este comportamiento tuvo que imponer una ley marcial mediante la cual arrestó a los líderes de la protesta. Como consecuencia de este suceso, aguas de Tunami abandonó el proyecto y, posterior a esto, acudió ante CIADI[17], en donde alegó una supuesta violación del Tratado de inversiones Holanda-Bolivia por tema de que los diversos actos suscitados en Bolivia constituyeron una expropiación de su inversión y, estas implicaban el hecho de que este país no cumplió con sus obligaciones pactadas.

Tras pasar un tiempo de casi 7 años el cual fue la duración del este proceso arbitral, el tema de la política empresarial fue duramente criticada por la sociedad civil internacional, en donde al final la empresa Bechtel Enterprise Holding, Inc llegó a un acuerdo extrajudicial en el año 2006. En este acuerdo esta empresa abandona todas sus pretensiones, pero, con el fin de que haya un reconocimiento por parte del estado bolivariano en donde se especifique que la concesión terminó de forma precoz no por causas imputable a la empresa, sino por un recuento y conjunto de sucesos sociales y políticas que tuvieron lugar en Cochabamba[18].

De este caso podemos sacar el hecho de que los arbitrajes de inversión tienen un carácter de naturaleza secreta por tema de que desde sus inicios se ha dado en muchos momentos arbitrales que datan del conocimiento de la disputa y culmina con la decisión arbitral o el acceso al proceso. Este carácter vinculado con otras particularidades más del arbitraje como la de la imposibilidad de intervención de personas ajenas al proceso han sido criticadas todo por el hecho que en este tema en específico, el cual es el de medidas medioambientales, no calan a sucesos de carácter público con relación al arbitraje de inversión.

---

17 Centro Internacional de Arreglo de Diferencias Relativas a Inversiones: *Es la institución líder a nivel mundial dedicada al arreglo de diferencias relativas a inversiones internacionales.*

18 DEMOCRACY CENTER. "Bechtel Vs Bolivia: The People Win By Democracy Center". Countercurrents | Educate | Organize | Agitate, 21 de enero de 206. https://www.countercurrents.org/gl-dc210106.htm.

Debemos tener en cuenta la vinculación entre las inversiones internacionales y la protección medioambiental, ya que este tiene una complejidad por el hecho de que últimamente está siendo tomado más en cuenta, hay interesantes tendencias en el ámbito internacional, un ejemplo de esta es la "agenda del 2030". La complejidad de la relación mostrada en la oración anterior tiene que ver con la consolidación, la universalización y que estas sean características de los derechos humanos que por fin están hallando mecanismos coercitivos de defensa, esta concepción nueva de los derechos humanas tienes una vertiente medioambiental. En base a esta se defiende aspectos derivados de este como el derecho a un medioambiente sano, otro podría ser el del derecho al acceso a recursos vitales como la del agua· Por otro lado, debemos reconocer el trabajo que están haciendo las diversas organizaciones medioambientales en donde estas están asumiendo tanto representatividad como una adecuada defensa civil trasnacional mediante la participación en la creación y, el seguimiento de los Tratados y leyes ecológicas en donde, si estas organizaciones ven que se incurre en una violación de las medidas ecológicas, acuden a su apoyo y difusión. Ahora ya, yendo a la parte arbitral, en nuestro presente caso, un grupo de organizaciones y de terceros particulares solicitaron ante el tribunal un escrito en el año 2002, en donde pedían ser admitidos como partes de la controversia, por ende, poder participar como amici curiae, para de esa forma tener acceso a los documentos y poder también asistir a las audiencias respectivas. Pese a que el tribunal denegó esta petición, se dice que a partir de este suceso fue el punto eje que generó el debido tratamiento que se le otorgó a la participación pública en los arbitrajes de inversión. Fue tal el efecto de este rechazo social dada por los árbitros decisorios, que CIADI, consciente de la falta de normativa en esta materia y, en línea las iniciativas dadas por ejemplo en el artículo 10 respecto al "Entendimiento sobre solución de diferencias, de la OMC (dada para los terceros)[19] , introdujo un cambio respecto a su reglamento de arbitraje. En esta nueva regla se admite la posibilidad de participación de terceros con el debido consenso de las partes, el tribunal permite "*que otras personas, además de las partes (...) asistan a la totalidad de la o parte de las audiencias, o las observen*". A la par con esto, la regla 37, exactamente en el inciso número

19 https://www.wto.org/spanish/docs_s/legal_s/28-dsu.pdf

2 menciona que "*Después de consultar a ambas partes, el Tribunal puede permitir a una persona o entidad que no sea parte en la diferencia efectúe una presentación escrita ante el Tribunal, relativa a cuestiones dentro del ámbito de la diferencia*"[20].

2. Metalclad Corporation vs Estados Unidos Mexicanos

Iniciaremos con los precedentes, la empresa mexicana Confinamiento Técnico de residuos industriales obtuvo en 1990 un permiso del Gobierno federal para operar una instalación de gestión de desechos tóxicos en La Pedrera. En el año 1991 el Gobierno federal clausuró este centro ya que no les daba el correcto tratamiento a sus residuos. Entre 1991-1992, se les negó permiso municipal para la construcción de un almacén de residuos tóxicos, mencionando como fundamento que la empresa no garantizaba la regeneración del suelo ya contaminado pese a que esta ya contaba con demás permisos requeridos por parte de los demás entes. En 1993 fue adquirida por Econsa (Metalclad Corporation), esta, pese a no tener el permiso de la municipalidad construyó y finalizó la obra en 1995. Mientras que la Secretaría de Medio Ambiente firmó un convenio de operaciones por un plazo de 5 años. La municipalidad seguía negando el permiso de construcción e incluso impidiendo de facto el funcionamiento del centro de residuos; a raíz de esto la empresa Metalclad Corporation solicitó ante el CIADI un arbitraje en donde pedían el monto de 120 millones de dólares en donde se basaban en que se habían violado los artículos correspondientes al trato justo y equitativo y, el de expropiación de NAFTA. Durante el proceso, la municipalidad declaro el terreno controvertido en una zona de reserva ecológica, ya que aquí estaba presente un cactus endémico.

Al final la empresa Metalclad Corporation ganó la contienda, y hay una reflexión en torno a este caso, en donde no se puede usar una medida ambiental como la que usó el municipio con respecto al cactus endémico para simplemente contentar a su población por el rechazo que le tenía su gente a este proyecto, en donde fue un boicot usando mecanismos de poca credibilidad jurídica.

---

20 *https://icsidfiles.worldbank.org/icsid/icsid/staticfiles/basicdoc-spa/partF-chap04.htm*

8. ANÁLISIS COMPARATIVO

"Aguas del Tunami vs Bolivia"

Iniciaremos mencionando que la disputa se originó a raíz de la privatización del servicio de agua en Cochabamba, Bolivia, y el posterior aumento drástico de las tarifas. Esto llevó a una revuelta popular conocida como la "Bolivian Water War". La cuestión ambiental estaba relacionada con el acceso al agua como un recurso esencial.

La reacción pública fue masiva y violenta, con protestas y manifestaciones que involucraron a la sociedad civil y la ciudadanía en general. Esto condujo a una intervención gubernamental y al retiro de la empresa inversora.

Para al final tener como resultado un acuerdo extra-arbitral entre Bechtel y Bolivia en 2006. Bechtel abandonó el proyecto y se reconoció que la concesión se terminó prematuramente debido a circunstancias sociales y políticas en Cochabamba.

Lo interesante del asunto fue la participación de un grupo de organizaciones y particulares solicitó intervenir en calidad de amici curiae y presentar argumentos relacionados con intereses ambientales. Aunque se les denegó la participación, este caso marcó un punto de inflexión en el tratamiento de la participación pública en arbitrajes de inversión.

"Metalclad Corporation vs Estados Unidos Mexicanos"

La disputa ambiental se centró en la gestión de residuos tóxicos en un centro de almacenaje de desechos. La empresa Metalclad alegó que México violó los acuerdos de inversión al negar los permisos necesarios para operar el centro de manera efectiva. Aquí, la cuestión estaba relacionada con la gestión de residuos peligrosos y la protección ambiental.

Si bien hubo oposición local y preocupaciones ambientales, no se menciona una reacción pública masiva o protestas a gran escala en la descripción del caso comparado con el otro caso.

Se tuvo como resultado un veredicto a favor de Metalclad Corporation, otorgándole una indemnización de $16.7 millones por la violación de los artículos 1105 (trato justo y equitativo) y 1110 (expropiación) de NAFTA y no se menciona la participación pública o la intervención de terceros en el caso en donde se enfoca principalmente en los aspectos legales y contractuales.

Estos dos casos dan a dilucidar varios puntos importantes, uno el tema de la participación de los ciudadanos, tanto en temas de arbitraje por medio de organizaciones como también en la legislación de políticas públicas que aseguren un desarrollo sostenible tanto ambiental como económicamente hablando que atraigan inversores extranjeros.

9. RECOMENDACIONES

a. *Participación Pública*: Dada la importancia de las cuestiones ambientales en los casos de arbitraje de inversión, se recomienda que se promueva una mayor participación pública en estos procesos. Las organizaciones y ciudadanos preocupados por el medio ambiente deben tener la oportunidad de intervenir como "amici curiae" o de alguna otra manera para expresar sus preocupaciones y aportar información relevante.

b. *Transparencia:* Es fundamental aumentar la transparencia en los procesos de arbitraje de inversión, especialmente en casos relacionados con el medio ambiente. La publicación de documentos clave y la divulgación de información sobre el progreso de los casos son medidas que pueden mejorar la percepción pública de estos procesos y su legitimidad.

c. *Desarrollo de Normativas Claras*: Los Estados y las instituciones internacionales deben trabajar en el desarrollo de normativas claras que aborden la relación entre las inversiones extranjeras y la protección ambiental. Estas normativas deben equilibrar los derechos de los inversores con la necesidad de garantizar un medio ambiente sano y sostenible.

d. *Evaluación de Impacto Ambiental*: Antes de autorizar proyectos de inversión que puedan tener un impacto significativo en el medio ambiente, los Estados deben llevar a cabo evaluaciones de impacto ambiental exhaustivas y transparentes. Esto ayudaría a prevenir conflictos y demandas posteriores.

10. REFLEXIONES CRÍTICAS

Es esencial reconocer la necesidad de equilibrar los intereses de los inversores privados con los intereses públicos en la protección del medio ambiente. Mientras que el arbitraje de inversión es una herramienta importante para garantizar la seguridad jurídica de los inversores extranjeros, también debe considerarse su impacto en las políticas públicas ambientales.

La participación de la sociedad civil y las organizaciones medioambientales en estos procesos es un avance positivo hacia la rendición de cuentas y la protección del interés público. Sin embargo, todavía hay desafíos pendientes en cuanto a cómo se manejan estas intervenciones y cómo se equilibran con los derechos de los inversores.

La relación entre el arbitraje de inversión y las políticas públicas ambientales es compleja y puede tener un impacto significativo en la capacidad de los Estados para implementar regulaciones y políticas ambientales necesarias. Se debe encontrar un equilibrio que permita a los Estados tomar medidas para proteger el medio ambiente sin desalentar la inversión extranjera.

11. CONCLUSIONES

En última instancia, los casos de arbitraje de inversión relacionados con cuestiones ambientales subrayan la importancia de abordar estas cuestiones de manera equitativa y sostenible. Los resultados de estos casos pueden tener un impacto duradero en la capacidad de los Estados para tomar medidas en favor del desarrollo sostenible y la protección del medio ambiente.

La participación pública en estos procesos es un avance positivo hacia una mayor transparencia y rendición de cuentas. Sin embargo, se necesita un marco normativo más claro y sólido para guiar la relación entre las inversiones internacionales y la protección ambiental. Como última ratio, se debe dar prioridad a la salvaguarda del interés público y la promoción del desarrollo sostenible en medio de la interacción entre el arbitraje de inversión y las políticas públicas ambientales.

Tener en cuenta que antes de siquiera llegar a o que es un arbitraje de inversión, se debe hacer según creo, requerimientos para poder invertir y ofrecer servicios, por parte de los Estados, estos deben primero poner en orden y, hacer con la ayuda de derecho administrativo una fiscalización de todas las políticas públicas y, las consecuencias de estas en una futura relación con los inversiones extranjeros así como también fomentar la participación ciudadana ante actos en donde los que crean estas políticas no se dejen apañar por intereses personales y, sancionarlos directamente con penas penales ya que un error en tema de políticas públicas según mi criterio reduce la calidad de vida de las personas en general, obvio no dejamos de lado el territorio afectad, pero si tomamos el hecho de que si en caso llegásemos a perder un tema de arbitraje por temas administrativos, la indemnización que nuestros Estados darán pueden ser destinada a mejores fines, como el de la sostenibilidad en todas las políticas públicas. Por parte de los inversionistas de buena fe, en primer lugar, tener buena fe, sabiendo la situación del mercado del Estado en el cual se invertirá, pues pedir, así como piden los accionistas a los entes reguladores de los mercados de valores, informes y data relevante para la inversión y no aprovecharse de los países en vías de desarrollo que son en mayoría los más afectados porcentualmente hablando.

En fin que se busca con este artículo es el que de a poco se pueda llegar a ese fin en donde podamos revertir la situación que tiene nuestro planeta con respecto al tema ambiental y, con respecto al arbitraje de inversión, debe haber conferencias en las que los Estados sean parte y, como anteriormente mencioné mostrar el estado de sus entes administrativos con respecto a las políticas públicas, hacer un análisis FODA, en donde se puedan quizá hasta a hacer bloques económicos que sean regidos por una normativa que sea beneficioso para la partes involucradas en los arbitrajes como también para la mejora del cuidado de nuestro medio ambiente, obvio, tomando en cuenta la situación exacta de cada país participante, ya que cada Estado es un mundo, pero que puede estar bajo un marco en donde sea capaz de ser un país en vía de desarrollo a un país líder en cierto aspecto respectivo a cada país, si, hablo de tecnificación y un aprovechamiento de sus recursos renovables y no renovables en beneficio de todos.

12. BIBLIOGRAFÍA

AMARTYA SEN, en Informe Mundial cit. nota 2, Nueva York, pp. 28-29

CENTRO INTERNACIONAL DE ARREGLO DE DIFERENCIAS RELATIVAS A INVERSIONES, caso Aguas Tunari, S.A. vs República de Bolivia, Washinton D.C.: 21 de octubre del 2005.

https://icsidfiles.worldbank.org/icsid/icsidblobs/OnlineAwards/C210/DC629_Sp.pdf

Comisión Económica para América Latina y el Caribe (CEPAL), sobre la base de M. Malik, "The expanding jurisdiction of investment-State tribunals: lessons for treaty negotiators https://repositorio.cepal.org/server/api/core/bitstreams/e341d60a-b165-430a-9282-d92d7e1a7431/content

COMISION EUROPEA, ¡Compras ecológicas! Manual sobre la contratación pública ecológica. Oficina de Publicaciones Oficiales de las Comunidades Europeas, Luxemburgo, 205.

COMISIÓN DE LAS COMUNIDADES EUROPEAS, "DOCUMENTO DE TRABAJO DE LA COMISIÓN La mejora de la legislación y las estrategias temáticas en el ámbito del medio ambiente".

COMISIÓN EUROPEA. "Medio ambiente 2010: El Futuro Está En Nuestras Manos". Archive-It Wayback Machine. Consultado el 30 de septiembre de 2023. https://wayback.archive-it.org/12090/20230310090237/https://ec.europa.eu/environment/archives/action-programme/pdf/6eapbooklet_es.pdf

CONVENTION ON THE RECOGNITIO AND ENFORCEMENT OF FOREIGN ARBITRAL AWARDS (New York, 1958). The New York Convention Guide 1958. [Fecha de consulta: 17 de setiembre de 2023]. Disponible en: http://newyorkconvention1958.org/index.php?lvl=cmspage&pageid=10&menu=866&opac_view=-1

DEMOCRACY CENTER. "Bechtel Vs Bolivia: The People Win By Democracy Center". Countercurrents | Educate | Organize | Agitate, 21 de enero de 206. https://www.countercurrents.org/gl-dc210106.htm.

DIARIO OFICIAL DE LA UNIÓN EUROPEA. "Coherencia de las políticas de la UE en favor del desarrollo y concepto de «Ayuda Oficial al Desarrollo plus»". EUR-Lex — Access to European Union law — choose your language, 18 de mayo de 2010. https://eur-lex.europa.eu/LexUriServ/LexUriServ.do?uri=OJ:C:2011:161E:0047:0057:ES:PDF

EARTHJUSTICE. "Bechtel Surrenders in Bolivia Water Revolt Case". Earthjustice, 19 de enero de 2006. https://earthjustice.org/press/2006/bechtel-surrenders-in-bolivia-water-revolt-case

FERNÁNDEZ ROZAS, J.C.: Anuario Argentino de Derecho Internacional..., op.cit. P. 33.

NAUMI Kassim, Mohammed, DEXIANG Guo y YONGYEH Ngalim Elizabeth. "Legal Protection of Foreign Investment (FI) in Zanzibar: Lesson for China Investments". Beijing Law Review 12, n.º 4 (20 de diciembre de 2021).

HUMAN DEVELOPMENT REPORTS. "Human Development Report 2003 | Human Development Reports". Home | Human Development Reports, 1 de enero de 2003. https://hdr.undp.org/content/human-development-report-2003.

IOHAN LASCU, GEORGIAN SERGIU. "EL ARBITRAJE INTERNACIONAL DE INVERSIONES: PANORAMA PRESENTE Y PERSPECTIVAS DE FUTURO". Máster Universitario en Acceso a la Profesión de Abogado, Universidad de Alcalá, 2018. https://ebuah.uah.es/dspace/bitstream/handle/10017/40574/El%20Arbitraje%20Internacional%20de%20Inversiones.pdf?sequence=1&isAllowed=y.

SOMMER, C.G.: "Los alcances del amicus curiae en el arbitraje internacional de inversiones", Revista de la Facultad de Derecho de la Universidad Nacional de Córdoba, 2011, vol. 2, nº. 2, Universidad Nacional de Córdoba, Córdoba, 2011. P. 162.

URRUTIA, F.J.: La evolución del principio de arbitraje en América. La Sociedad de Naciones, ed. América, Madrid, 1920. P. 298.

"Compras verdes en la contratación pública. Dar ejemplo: ¡Esa es la clave!", en Ambienta. Revista del Ministerio de Medio Ambiente. n°52, febrero 2006, p. 13. https://www.mapa.gob.es/ministerio/pags/biblioteca/revistas/pdf_AM/AM_2006_52_13_19.pdf

Webgrafía

https://www.ipcc.ch/languages-2/spanish/

https://www.wto.org/spanish/docs_s/legal_s/28-dsu.pdf

https://icsidfiles.worldbank.org/icsid/icsid/staticfiles/basicdoc-spa/partF-chap04.htm

Protección constitucional del arbitraje como una nueva forma de discurso apolítico en conflictos societarios

SARA COHEN
MARIANA VARGAS MATHUS

1. INTRODUCCIÓN

Cuando *Aldous Huxley* publicó en 1932 un mundo feliz, anticipó lo que en gran medida radicalizó a nuestra sociedad actual. El desarrollo de una droga del entretenimiento nombrada en la ficción de Huxley como *soma* tal vez por el somnífero efecto que tenía en los habitantes del mundo feliz. La falta de pensamiento crítico ante el gran diseño y esquema de manipulación ensamblado para controlar a la gente. En el mundo feliz prepondera la ciencia y placeres sobre el arte, el amor y la familia.

Aldous Huxley aborda magistralmente la falta de moralidad y empatía que tienen los habitantes del mundo feliz con dos personajes claves en la historia. Por un lado el Interventor Mundial de Europa Occidental Mustafá Mond que también nos recuerdan a los hombres grises del clásico Momo de Michael Ende por la pérdida de los valores sociales y por otro John el Salvaje quien es catalogado de "Salvaje". En un mundo feliz, la libre expresión es censurada. La representación a un modelo totalitario en el que las personas carecen de decisión por haberse rendido a la ilusión de un mundo feliz, ordenado y controlado. El final es trágico pero no por ello falto de valiosísimo aprendizaje. En Momo, la pequeña niña que escucha y rescata a sus amigos de hombres grises que le roban el tiempo a las personas con interminables discursos publicitarios. El final es más alentador.

La ficción nos ha alcanzado, está en nosotros restaurar el mundo, empezando por la familia, amigos, comunidad cercana o caer en la soledad e inhibir la libertad de pensamiento.

Ésta investigación busca permitir un debate de ideas vigoroso y abierto aplicable, incluso, dentro de la estructura mercantil societaria de un medio de comunicación en donde alguien escuche, y restablecer un criterio constitucional que subordine restricciones gubernamentales para fomentar una responsabilidad, cuidado y protección efectiva de los derechos humanos.

2. PROBLEMÁTICA SOCIETARIA

Muchas veces motivados por pasiones e intereses, pueden presentarse conflictos entre socios o accionistas que a grandes rasgos aborden los siguientes temas:

(*i*) restricciones de cualquier naturaleza al actuar de los socios o accionista;

(*ii*) causales de exclusión de socios o accionistas, separación o retiro;

(*iii*) mecanismos para la toma de decisiones por falta de acuerdo;

(*iv*) control societario y derechos de minorías;

(*v*) criterios de independencia de los consejeros y directivos;

(*vi*) vigilancia de la Sociedad; y

(*vii*) responsabilidad de sus órganos internos, socios o accionistas y de la Sociedad.

Dentro de una empresa o Sociedad, la resolución de disputas puede tramitarse mediante procesos sumarios, de oposición a decisiones tomadas mediante asambleas, y también mediante juicios contenciosos administrativos, juicios de amparo o constitucionales cuando alguna autoridad o acto administrativo afecte a la Sociedad. Aunado a los medios para resolver conflictos al interior de una empresa, los accionistas o socios pueden pactar una cláusula arbitral en estatutos, contratos, asambleas o en convenios de accionistas para acordar resolver una controversia o controversias que deriven o surjan de la relación jurídica que contenga la cláusula arbitral conforme a sus términos y ante un Tribunal Arbitral que brinde una solución a la disputa de las partes. Algunas formas de consentimiento que refleja la cláusula arbitral pueden involucrar no sólo a disputas dentro de la Sociedad y exclusivamente entre accionistas, pueden incluso involucrar a éstos con los órganos de administración y vigilancia, a la Sociedad misma e incluso a terceros como competidores y filiales pues todo dependerá de las estipulaciones, evidencia y de la interpretación a la cláusula arbitral que pueda brindar un árbitro para cobijar el reclamo, disputa o controversia que llegue a analizar conforme al principio *compétence compétence.*

En el vanguardista mundo de los medios de comunicación y en el caso específico de radio e imprenta de circulación en México, la problemática societaria puede llegar a ser particularmente compleja por dos razones. La primera, existen restricciones gubernamentales a la participación extranjera que se reflejan en los artículos 1 y 7 (III) (q) y (x) de la Ley de Inversión Extranjera ("LIE"):

> "Artículo 1. La presente Ley es de orden público y de observancia general en toda la República. Su objeto es la determinación de reglas para canalizar la inversión extranjera hacia el país y propiciar que ésta contribuya al desarrollo nacional.
> Artículo 7. En las actividades económicas y sociedades que se mencionan a continuación la inversión extranjera podrá participar en los porcentajes siguientes:
> III.- **Hasta el 49%** en:
> q) Impresión y publicación de periódicos para circulación exclusiva en territorio nacional;
> x) Radiodifusión. Dentro de este máximo de inversión extranjera se estará a la **reciprocidad** que exista en el país en el que se encuentre constituido el inversionista o el agente económico que controle en última instancia a éste, directa o indirectamente, y"

Que comprenden un límite en la participación de hasta el 49% y un requisito de reciprocidad con el país de origen de la inversión extranjera. Y segundo, que el campo de acción que puede llegar a tener un Tribunal Arbitral en el ámbito societario como método de solución de controversias comúnmente usado en transacciones con componentes internacionales se vea reducido ante la gama de medios o recursos disponibles.

Para sopesar las restricciones gubernamentales, la propia LIE ha creado una ficción jurídica conocida como inversión neutra que ha logrado crear la ilusión de que el capital puede rebasar el límite y también que con la anuencia de la Comisión Nacional de Inversiones Extranjeras ("Comisión") se puede configurar las operaciones entre accionistas subordinando la voluntad normativa a la voluntad individual. Sin embargo, cuando frente a una problemática societaria al menos el 50% del capital social es necesario para que la Asamblea Ordinaria sea válida de acuerdo con el Artículo 189 y 185 de la Ley General de Sociedades Mercantiles ("LGSM")

> Artículo 189.- Para que una Asamblea Ordinaria se considere legalmente reunida, **deberá estar representada, por lo menos, la mitad del capital social**, y las resoluciones sólo serán válidas cuando se tomen por mayoría de los votos presentes.
> Artículo 184.- Los accionistas que representen por lo menos el treinta y tres por ciento del capital social, podrán pedir por escrito, en cualquier tiempo, al Administrador o Consejo de Administración o a los Comisarios, la Convocatoria de una Asamblea General de Accionistas, para tratar de los asuntos que indiquen en su petición.
> Si el Administrador o Consejo de Administración, o los Comisarios se rehusaren a hacer la convocatoria, o no lo hicieren dentro del término de quince días desde que hayan recibido la solicitud, la convocatoria podrá ser hecha por la autoridad judicial del domicilio de la sociedad, a solicitud de quienes representen el treinta y tres por ciento del capital social, exhibiendo al efecto los títulos de las acciones.
>
> Artículo 185.- La petición a que se refiere el artículo anterior, podrá ser hecha por el titular de una sola acción, en cualquiera de los casos siguientes:
> I.- Cuando no se haya celebrado ninguna asamblea durante dos ejercicios consecutivos;
> II.- Cuando las asambleas celebradas durante ese tiempo no se hayan ocupado de los asuntos que indica el artículo 181.
> Si el Administrador o Consejo de Administración, o los Comisarios se rehusaren a hacer la convocatoria, o no la hicieren dentro del término de quince días desde que hayan recibido la solicitud, ésta se formulará ante el Juez competente para que haga la convocatoria, previo traslado de la petición al Administrador o Consejo de Administración y a los Comisarios. El punto se decidirá siguiéndose la tramitación establecida para los incidentes de los juicios mercantiles

La configuración de la estructura societaria se torna relevante al momento de la toma de decisiones, ya que poco importa que pueda ser convocada a Asamblea por la minoría ejerciendo su derecho de petición conforme al artículo 185 de la LGSM si a falta de convocatoria se requiere que la totalidad de las acciones se encuentren representadas para influir en las decisiones ordinarias de la Sociedad y por otro lado si la convocatoria a Asamblea en ausencia de la colaboración de los administradores y el comisario tiene que ser formulada ante un Juez.

3. MEDIOS DE COMUNICACIÓN, MERCADO DE LAS IDEAS, LIBERTAD DE EXPRESIÓN Y AUTONOMÍA DE LA VOLUNTAD

En esa travesía a la que se embarca una minoría o capital extranjero se olvida que la operación cotidiana de una empresa está en manos de los administradores y comisario. En un medio de comunicación las decisiones a su vez están vinculadas con el ejercicio de la libertad de expresión.

Por lo que respecta aún más al detalle societario se señala que al interior de un medio de comunicación, la mecánica de toma de decisiones a diferencia de cualquier otra sociedad mercantil involucra temas relacionados con la libertad de expresión , salvaguardar el derecho a la información y acceso a un derecho de réplica cuya base constitucional se encuentra en los artículos 6 y 7 de la CPEUM:

> "La manifestación de las ideas no será objeto de ninguna inquisición judicial o administrativa, sino en el caso de que ataque a la moral, la vida privada o los derechos de terceros, provoque algún delito, o perturbe el orden público; el derecho de réplica será ejercido en los términos dispuestos por la ley. El derecho a la información será garantizado por el Estado.
> Toda persona tiene derecho al libre acceso a información plural y oportuna, así como a buscar, recibir y difundir información e ideas de toda índole por cualquier medio de expresión.
> El Estado garantizará el derecho de acceso a las tecnologías de la información y comunicación, así como a los servicios de radiodifusión y telecomunicaciones, incluido el de banda ancha e internet. Para tales efectos, el Estado establecerá condiciones de competencia efectiva en la prestación de dichos servicios..."

> "Es inviolable la libertad de difundir opiniones, información e ideas, a través de cualquier medio. No se puede restringir este derecho por vías o medios indirectos, tales como el abuso de controles oficiales o particulares, de papel para periódicos, de frecuencias radioeléctricas o de enseres y aparatos usados en la difusión de información o por cualesquiera otros medios y tecnologías de la información y comunicación encaminados a impedir la transmisión y circulación de ideas y opiniones.

> Ninguna ley ni autoridad puede establecer la previa censura, ni coartar la libertad de difusión, que no tiene más límites que los previstos en el primer párrafo del artículo 6o. de esta Constitución. En ningún caso podrán secuestrarse los bienes utilizados para la difusión de información, opiniones e ideas, como instrumento del delito."

A mayor profundidad, el detalle en la mecánica de decisiones dentro de un medio de comunicación también puede encontrarse en quien designa a cada miembro del Consejo de Administración, sobre todo al creador o editor de contenidos, quien elaborará los noticieros, quien supervisa la información que los usuarios proveen, incluso quien detecta ingresos de contratos publicitarios con el Estado o quien funge como Comisario, ello también indica que las restricciones gubernamentales y los acuerdos a los que lleguen los inversionistas pueden contribuir aún más a la erosión de una relación comercial con consecuencias que repercuten en terceros.

Así el pleno de la nuestro máximo tribunal en la acción de inconstitucionalidad 2/2017 de octubre de 2013 refleja la importancia que tienen los medios de comunicación al destacar que:

> "Ejercen un poder real en la formación de la que en las teorías democráticas se denomina opinión pública, a través de la difusión de información, opiniones e ideas que persuade a la sociedad, por lo que los medios juegan un papel esencial en la dimensión colectiva de la libertad de expresión y es indispensable que existan condiciones apropiadas para que realicen su actividad con peno ejercicio de este derecho."

Íntimamente ligado a un derecho a la libertad de expresión, en México el derecho de réplica se comprende en el artículo 6 de la Constitución Política de los Estados Unidos Mexicanos ("CPEUM") y la Ley Reglamentaria del Artículo 6°., párrafo primero de la Constitución Política de los Estados Unidos Mexicanos, en materia del derecho de réplica ("Ley de Réplica") que la define como un derecho que surge por información divulgada que sea falsa o inexacta y que cause agravios políticos, económicos, en honor, vida privada y/o imagen que hagan los medios de comunicación por tener una privilegiada posición:[1]

---

1 Época: Décima. Registro: 2018622. Instancia: Primera Sala. Tipo de Tesis: Aislada. Fuente: Gaceta del Semanario Judicial de la Federación. Libro 61, Diciembre de 2018, Tomo I, página 303. Materia(s): Constitucional, Adminis-

"Los medios de comunicación se colocan en una situación privilegiada de acceso al mercado de las ideas y, en este sentido, existe una relación de asimetría entre éstos y las demás personas que no gozan de una posición de fácil acceso a esos medios, por ello, las medidas procesales a favor del solicitante, contenidas en la Ley Reglamentaria del artículo 6o., párrafo primero, de la Constitución Política de los Estados Unidos Mexicanos, en Materia del Derecho de Réplica, tienen por objeto corregir esta situación, es decir, son cargas procesales para el sujeto obligado, no incentivos negativos a su labor informativa y, por ende, no constituyen un menoscabo a su derecho a la libertad de expresión. Lo anterior, en el entendido de que no toda injerencia del Estado en la labor comunicativa genera, por sí sola, una afectación a la libertad de expresión, pues el Estado y los medios de comunicación tienen la obligación de asegurar la vertiente social de este derecho, maximizando la posibilidad de que se generen diversas versiones sobre un mismo hecho, a fin de promover un debate de ideas vigoroso y abierto."

El derecho de libertad de expresión comprende a su vez el derecho de acceso a la información para fomentar la expresión política y búsqueda de la verdad pues es clave en la vida democrática.[2]

Por otro lado, en México, difamación puede ser catalogado como delito y como un discurso no protegido. Las condenas civiles en asuntos que no protejan ciertos discursos tienen que probar todos los elementos de un esquema de responsabilidad civil extracontractual para ser procedentes:

(*i*) ilicitud en la conducta;

(*ii*) el criterio subjetivo de imputación;

(*iii*) la existencia de un daño; y

---

trativa. Tesis: 1a. CCLXXXVII/2018 (10a.) Página: 303. DERECHO DE RÉPLICA. LAS MEDIDAS PROCESALES A FAVOR DEL SOLICITANTE CONTENIDAS EN LA LEY REGLAMENTARIA QUE LO REGULA, NO CONSTITUYEN UN MENOSCABO A SU DERECHO A LA LIBERTAD DE EXPRESIÓN.

2 De La Rosa Xochitiotzi, Carlos y Saldado Cipriano, Giovanni Alexander. Cuadernos de Jurisprudencia Núm. 1 Libertad de expresión y periodismo actualizado hasta julio de 2022. Suprema Corte de Justicia de la Nación. Centro de Estudios Constitucionales de la Suprema Corte de Justicia de la Nación. Ver en https://www.sitios.scjn.gob.mx/cec/sites/default/files/publication/documents/2023-01/CJ%20DH%201%20Libertad%20de%20expresion%20FINAL%20DIGITAL.pdf

(*iv*) una relación de causalidad entre la conducta ilícita y el resultado dañoso.[3]

Pero cuando los medios de comunicación abordan temas de interés público o asuntos que se relacionen con figuras públicas la judicatura requiere que la parte afectada pruebe malicia efectiva.[4] Por malicia efectiva debe considerarse como un criterio subjetivo de imputación para atribuir responsabilidad en casos de conflicto entre la libertad de expresión y los derechos de la personalidad. En palabras de las Suprema Corte, "malicia efectiva opera tanto para la transmisión de hechos (libertad de información) como para la comunicación de críticas o juicios de valor que se sustentan en afirmaciones preminentemente fácticas (libertad de opinión); éstos últimos, en la medida en que se construyan a partir de algún hecho que sea del conocimiento público, pueda ser verificable en fuentes externas o se introduzca por primera vez en el discurso, pues, en principio, no sucedería lo mismo si se trata de opiniones genéricas o enteramente subjetivas que, por no apoyarse en hechos, no están sujetas a los límites de veracidad o imparcialidad.... La malicia opera tanto para la transmisión de hechos (libertad de información) como para la comunicación de críticas o juicios de valor que se sustenta en afirmaciones preminentemente fácticas (libertad de opinión); éstos últimos, en la medida en que se construyan a partir de algún hecho que sea del conocimiento público, pueda ser verificable en fuentes externas o se introduzca por primera vez en el discurso."[5]

---

3 Época: Décima. Registro: 2003643. Instancia: Primera Sala. Tipo de Tesis: Aislada. Fuente: Semanario Judicial de la Federación y su Gaceta. Libro XX, Mayo de 2013, Tomo 1. Materia(s): Constitucional. Tesis: 1a. CXXXVIII/2013 (10a.). Página: 558. LIBERTAD DE EXPRESIÓN. "MALICIA EFECTIVA" COMO PRESUPUESTO INDISPENSABLE PARA LA IMPUTACIÓN DE RESPONSABILIDAD CIVIL POR EXPRESIONES NO PROTEGIDAS POR AQUEL DERECHO.

4 New York Times Co. v. Sullivan, 376 U.S. 254 (1964).

5 De La Rosa Xochitiotzi, Carlos y Saldado Cipriano, Giovanni Alexander. Cuadernos de Jurisprudencia Núm. 1 Libertad de expresión y periodismo actualizado hasta julio de 2022. Suprema Corte de Justicia de la Nación. Centro de Estudios Constitucionales de la Suprema Corte de Justicia de la Nación. p. 101 o ¶¶93 y 94. AMPARO DIRECTO 30/2020 del 16 de marzo de 2020.

En resumen, el legislador y jurista mexicano han buscado lograr un equilibrio de la información y protección a la libertad de expresión con el fin de promover un debate de ideas vigoroso y abierto pero a su vez complementar la libertad de expresión con un derecho de réplica para proveer a la sociedad de una alternativa para etiquetar de falsa o inexacta cierta información.

4. RECURSOS LEGALES, RESTRICCIONES GUBERNAMENTALES, CONCURRENCIA DE PROCESOS Y MULTIPLICIDAD DE PROCEDIMIENTOS

En suma a lo anterior, resulta relevante también mencionar que dentro de los estándares constitucionales aplicables no sólo encontramos el propio a la libre expresión de ideas lo que en palabras del reconocido Juez Brandeis de la Suprema Corte de los Estados Unidos de Norteamérica se describe como el mejor desinfectante contra el miedo y los abusos, sino también lo que en las elocuentes palabras del también reconocido Juez Holmes reconocemos como el papel que juegan los medios de comunicación como agentes económicos importantísimos en el mercado de las ideas[6]. Esto no puede ser posible sin que el diseño de un estado moderno empodere:

(*i*) La protección al derecho de acceso a la información y el derecho de réplica para la vida democrática de una sociedad; y

(*ii*) A la institución apolítica encargada de proteger y salvaguardar dicho derecho.

Ahora, para abordar los diversos medios legales disponibles, como punto de partida, se menciona la definición del Doctor Roberto Mancilla[7] acerca de litigio estratégico para entender que el método

---

[6] Opinión disidente en Abrams v. United States, 250 U.S. 616 (1919).

[7] Mancilla, Roberto, "El litigio estratégico en México: ¿qué es?", El Semanario Sin Límites, 18 de diciembre de 2020, https://elsemanario.com/opinion/el-litigio-estrategico-en-mexico-que-es-roberto-mancilla/; Mancilla, Roberto, "¿Por qué el litigio estratégico es una actividad de élite?", El Semanario Sin Límites, 1º de enero de 2021, https://elsemanario.com/opinion/por-que-el-litigio-estrategico-es-una-actividad-de-elite-roberto-mancilla/, y Mancilla,

de análisis de constitucionalidad y convencionalidad que se propone aplicar:

> "el uso del proceso jurisdiccional y, en muchos casos, del control constitucional, litigio de derechos humanos, o administrativo para invalidar normas generales u actos de autoridad, provocar actos administrativos o legislativos y sentar precedentes vinculantes para lograr un cambio en la realidad social y en las políticas públicas existentes. Es decir, el litigio estratégico entiende al Derecho como una herramienta para lograr el cambio social y, por lo tanto, en este tipo de asuntos, se busca usar el proceso jurisdiccional para la expresión de una agenda política y su actualización en el tiempo."

(*i*) Acción de inconstitucionalidad

En primer lugar, es probable que mediante una acción de inconstitucionalidad puede plantearse por la Comisión Nacional de los Derechos Humanos ("CNDH") para solicitar la invalidez de los artículos 1 y 7 (III) (q) y (x) de la LIE aplicables a radio y periódicos por excluir de su protección a la inversión extranjera bajo el derecho humano de igualdad y de libre expresión consagrados en los artículos 1, 6 y 7 de la CPEUM, 1 y 13 de la Convención Americana sobre Derechos Humanos y 19 del Pacto Internacional de los Derechos Civiles y Políticos. Sin embargo, el efecto que se teme es que la ley y actos por conexión o consecuencia se declaren nulos lo que implicaría un retroceso y que una nueva ley supla los criterios que la LIE falle en lograr. Materia de exclusiva facultad del Congreso de acuerdo con el artículo 73 (XXIX-F) de la CPEUM.

(*ii*) Amparo

En segundo lugar, también puede presentarse un Amparo con fundamento en los artículos 103 y 107 de la CPEUM y su Ley Reglamentaria. Tanto en Amparo y en acción de inconstitucionalidad se invita a concientizar lo siguiente:

> "(*i*) la honestidad judicial;

Roberto, "Ejemplos en torno al litigio estratégico y la acción de inconstitucionalidad, El Semanario Sin Límites, 15 de enero de 2021, https://elsemanario.com/opinion/ejemplos-en-torno-al-litigio-estrategico-y-la-accion-de-inconstitucionalidad-roberto-mancilla/

(*ii*) Respetar la decisión de la mayoría; y
(*iii*) Proteger las libertades constitucionales."[8]

Ya que es precisamente esa honestidad judicial de saber hasta dónde puede cambiar la realidad jurídica el poder judicial y medir sus consecuencias. Lo que se logra apreciar, es que el juicio de amparo a pesar de ser una pequeña concesión del Estado si lo comparas con los efectos que produce una acción de inconstitucionalidad no tiene gran impacto. Aclaro por tener efecto sólo entre las partes involucradas. El juicio de amparo refleja algo también clave en la función jurisdiccional y es esa respetabilidad que requiere para proteger derechos fundamentales, que lejos de reconocer que[9] funciona a marcas forzadas, es blanco de burlas políticas o de tácticas para debilitar sus esfuerzos.

(*iii*) Litigios y arbitraje

Ahora por lo que respecta a un escenario en el que la multiplicidad de foros para resolver una disputa societaria—litigios y arbitrajes—vemos en la *praxis* que resulta todo un reto navegar el surgimiento de procedimientos paralelos al arbitraje que deriven de una multiplicidad de contratos o de las propias acciones pertinentes que nacen de la naturaleza jurídica del contrato en donde se gesta una cláusula arbitral. Por un lado se tiene la ventaja en la ejecución de un laudo en el extranjero conforme a la Convención sobre el Reconocimiento y la Ejecución de las Sentencias Arbitrales Extranjeras ("Convención de Nueva York") y por otro la conveniencia que tiene la experiencia de los jueces en temas societarios como por ejemplo: acciones de oposición o de convocatoria de Asambleas.

Por lo que corresponde a la parte agraviada por procedimientos judiciales es clave dirigir aquellas acciones que presupongan una arbitrabilidad a ser resueltas por el Tribunal Arbitral en apoyo del principio del *competénce competénce*. De lo contrario la parte renuente a arbitrar puede

---

8 Ginsburg, R. B. *My own words*. Simon & Schuster. (2018) P. 176

9 De 140 países evaluados, México se encuentra en el lugar 115 en el ranking del Estado de Derecho https://worldjusticeproject.org/rule-of-law-index/global/2022/Mexico/

lograr frustrar el procedimiento con el afán de actualizar una renuncia al pacto de arbitraje[10] o también retrasar su resolución por depender del resultado que tengan ante las Cortes el objeto del litigio.

Acerca del objeto del litigio y como causal que contribuye a la erosión de la relación comercial nos volveremos a enfocar en las restricciones gubernamentales a las que se refiere éste artículo y que son precisamente las que dentro de un medio de comunicación contribuyen a crea un escenario conocido como "*no man´s land*" pues fomentan la división y la incertidumbre por su ambigüedad. Ello también impactando a terceros.

Anteriormente, la razón de imponer un límite a la participación extranjera en los sectores como radiodifusión, impresión y publicación de periódicos de circulación nacional derivaba de brindar seguridad jurídica y de crear un incentivo para que la inversión extranjera se arraigara en el país. Después de 2011, año en que se instituye la reforma constitucional en materia de derechos humanos; dichos incentivos no corresponden a ser reglas claras y generan regulaciones excesivas que inhiben el desarrollo de la libertad de expresión conforme al artículo 7 de la CPEUM.

---

10 Shore, Laurence et al. International Arbitration in the U.S., Kluwer Law International. 2018. p. 184-185 y "La renuncia tácita solo puede imperar respecto del litigio que, específicamente, se somete a la potestad del órgano jurisdiccional estatal, pero no respecto de la totalidad de las controversias que hayan surgido o pudieran surgir entre las partes. Es decir, tratándose de una renuncia tácita al acuerdo arbitral, los efecto de esa renuncia se circunscriben exclusivamente a la materia sobre la que versa la Litis planteada por las partes ante el juez estatal." Amparo Directo en Revisión 6916/2019, p. 31 Época: Décima. Registro digital: 2021586. Instancia: Tribunales Colegiados de Circuito. Materias(s): Civil. Tesis: I.3o.C.425 C (10a.) Fuente: Gaceta del Semanario Judicial de la Federación. Libro 75, Febrero de 2020, Tomo III, página 2410. Tipo: Aislada. Amparo directo 159/2019. Pecaltex, S.A.P.I. de C.V. 28 de agosto de 2019. Unanimidad de votos. Ponente: Sofía Verónica Ávalos Díaz. Secretario: Miguel Ángel Vadillo Romero. REMISIÓN AL ARBITRAJE. PUEDE SOLICITARSE EN CUALQUIER ETAPA DEL PROCEDIMIENTO, HASTA ANTES DEL DICTADO DE LA SENTENCIA DEFINITIVA (ALCANCE DE LAS TESIS AISLADAS I.3o.C.503 C Y I.3o.C.504 C).

El criterio de las restricciones gubernamentales es obsoleto por que en la actualidad por el 2% preferencial asignado a la participación nacional en ciertos medios de comunicación no impacta en otros medios de comunicación ya que no se establecen dichos límites y no aborda patrones de consumo por que la gran mayoría de los mexicanos se inclina por el uso de otras tecnologías para entretenerse u obtener información.[11] Por otro lado, las restricciones gubernamentales también no son claras ya que el requisito de reciprocidad considera que la inversión extranjera puede provenir de varios países en los que sean los inversionistas quienes resultan estar a merced de tendencias políticas.

En adición a lo anterior las restricciones gubernamentales son ambiguas por que el objetivo real de dar certeza a la inversión extranjera no se cumple, va dirigida en la realidad a ser una normativa proteccionista que incentiva pactos internos en las empresas o ficciones jurídicas se den certeza jurídica a la inversión extranjera.

En este sentido, la LIE sobreprotege la inversión nacional y no la extranjera, por ello la necesidad de replantear un equilibrio constitucional entre una sociedad informada y la libertad de expresión como piedra angular en vez de permitir restricciones gubernamentales obsoletas y ambiguas que lejos de buscar un equilibrio entre derechos fundamentales y reglas claras establecen regulaciones excesivas que inhiben el desarrollo responsable de la inversión extranjera. En este mismo sentido se refuerza el planteamiento de que si la libertad de expresión puede ser ejercida por cualquiera, independientemente de ser o no un medio de comunicación, no puede ser condicionada al origen de la inversión.

En consecuencia, el papel fundamental que juega la autonomía de la voluntad de los inversionistas se entremezcla con la potencialización de la libertad de expresión al ser también indicativo del desarrollo en un mercado y detona la carga de la prueba denominado como malicia efectiva para medir si la participación extranjera puede ser tolerable. Es decir, si la decisión de los inversionistas pone en riesgo la libertad de ex-

---

11 Que es lo que más escuchan los mexicanos spoiler no son las mentiras de su ex. Periódico el Financiero. Publicado el 26 de septiembre del 2023. Ver https://www.elfinanciero.com.mx/empresas/2023/09/26/que-es-lo-que-mas-escuchan-los-mexicanos-spoiler-no-son-las-mentiras-de-su-ex/

presión y de información de la Sociedad como puede ser que fomenten racismo o misoginia un análisis constitucional brindaría mayor luz que una restricción gubernamental. [12] De lo contrario obtendríamos que las restricciones gubernamentales reflejan resultados absurdos que destinan al medio de comunicación a su desintegración o a la reversión de las cosas al estado que tenían antes de pactar la estructura accionaria; en vez de ponderar la conducta de los inversionistas de acuerdo a las particularidades del mercado de los medios de comunicación, sin excluir a redes sociales, sin retirar el poder que tiene cualquiera de ejercer un derecho de réplica. Lo que se suma en forma de restricción gubernamental a los medios de comunicación se resta a la libertad de expresión.

En palabras de la primera Sala de la Suprema Corte de Justicia de la Nación:

> "la plena libertad para difundir, expresar, recolectar y publicar informaciones e ideas es imprescindible para ejercer otros derechos humanos y, en este sentido, es determinante en la calidad de la vida democrática del país que debe garantizar a los ciudadanos la posibilidad de publicar libremente ideas y hechos. En este contexto, cuando se toma una decisión sobre la libertad de expresión, no sólo se afectan las pretensiones de las partes en el litigio, sino el grado de libertad en la circulación de noticias, ideas y opiniones en el país."[13]

En cambio de aplicar restricciones gubernamentales, se señala también que los principios constitucionales pueden también hacer eco en otras jurisdicciones y reflejar una genuina preocupación por el desarrollo que han tenido las plataformas de información por el grado de compromiso que manejan con los derechos fundamentales o temores de daños a la seguridad nacional. Una interpretación más acorde con

---

12 "El gran hackeo": Cambridge Analytica es sóla la punta del iceberg. Publicación del 24 de julio de 2019 en Noticias Amnistía Internacional. Ver https://www.amnesty.org/es/latest/news/2019/07/the-great-hack-facebook-cambridge-analytica/#:~:text=A%20trav%C3%A9s%20de%20la%20aplicaci%C3%B3n,incidente%20no%20fue%20una%20anomal%C3%ADa.

13 Época: Décima. Registro: 2008101. Instancia: Primera Sala. Tipo de Tesis: Aislada. Fuente: Gaceta del Semanario Judicial de la Federación. Libro 13, Diciembre de 2014, Tomo I. Materia(s): Constitucional. Tesis: 1a. CDXIX/2014 (10a.). Página: 234. LIBERTAD DE EXPRESIÓN. DIMENSIÓN POLÍTICA DE ESTE DERECHO FUNDAMENTAL.

la razón de ser de la Ley de Inversión Extranjera y con los principios constitucionales por hechos o circunstancias particulares del caso puede establecer sin discriminar por el origen de la inversión si estamos frente a un criterio coherente y catalizador de un pensamiento libre de los destinatarios de noticias, mensajes o entretenimiento.

Es entonces el grado de libertad en la circulación de noticias en medios de comunicación por ser ellos los privilegiados de estar a cargo de poner al alcance del público en general ideas y posturas lo que motiva esta investigación encaminada a resaltar el denominado *chilling effect* o autocensura que pueden producir los artículos 1 y 7 (III) (q) y (x) de la LIE aplicables a la impresión y periódicos para circulación exclusiva en territorio nacional y radiodifusión en los artículo 6 y 7 de la CPEUM.

En este mismo sentido, a la luz de la autonomía de la voluntad de las partes de decidir optar por el arbitraje y no por el litigio, resulta vital forjar el principio de invasión mínima de las Cortes para respetar la libre autodeterminación dentro de un medio de comunicación, de lo contrario como más adelante se expondrá puede que se frustren libertades o principios constitucionales.

Primero, es apropiado observar que a la par de un procedimiento judicial tenemos el arbitraje como medio alternativo de solución de conflictos, en el que como cualquier otro procedimiento contencioso se busca esclarecer la información acerca de lo que ocurre en nuestra sociedad, nuestras empresas, y por que no, lo que se relaciona con el gasto de gobierno. En el arbitraje también se presenta un intenso intercambio de escritos y análisis de la evidencia. El árbitro asume competencia y la decisión final se emite en forma de laudo arbitral que vincula a las partes de una controversia. Sin embargo, el arbitraje no tiene cabida sin el apoyo de la judicatura.

Segundo, actualmente, la protección constitucional se limita a considerarlo como un ejercicio afirmativo de libertades constitucionales que ameritan protección judicial bajo el artículo 17 de la Constitución Política de los Estados Unidos Mexicanos[14] pero dista por mucho de

---

[14] ARBITRAJE. IMPLICACIONES NORMATIVAS DERIVADAS DE SU CONSTITUCIONALIZACIÓN A PARTIR DE LA REFORMA DE JUNIO DE 2008.

incentivarlo por "replicar obstrucciones de un procedimiento judicial para suspender el procedimiento".[15] En otras palabras, la protección constitucional permea en la forma de un compromiso de intervención mínima al procedimiento de arbitraje de acuerdo con el capítulo X de la Intervención Judicial en la Transacción Comercial y el Arbitraje del Título IV, Libro V del Código de Comercio ("Ley Modelo" o "Código de Comercio") en donde se puede apreciar las labores de apoyo que realizan los jueces como:

El artículo 17 constitucional establece que ninguna persona podrá hacerse justicia por sí misma, ni ejercer violencia para reclamar su derecho. Sin embargo, esta prohibición no supone el otro extremo de que todas las controversias entre las personas deban resolverse a través de autoridades judiciales, pues también establece que las leyes preverán mecanismos alternativos de solución de controversias. Por tanto, la solución constitucional es una intermedia: prevé que los tribunales estarán expeditos para administrar justicia, pero también que, de manera paralela, la ley deberá habilitar mecanismos alternativos. Con base en esta nueva arquitectura a partir de la reforma constitucional de 18 de junio de 2008, deben explicitarse algunas de las premisas interpretativas asumidas por este tribunal constitucional. En primer lugar, el arbitraje es una figura legislativa con relevancia constitucional. Por tanto, la ley que la regule debe considerarse reglamentaria del cuarto párrafo del artículo 17 constitucional. Relacionado con lo anterior, se debe cambiar la caracterización de la decisión de acceder a dicha institución, pues más que una renuncia de derechos constitucionales (de acceder a los tribunales), el arbitraje encierra el ejercicio afirmativo de libertades constitucionales que ameritan protección judicial. Ahora bien, respecto de las distintas posibilidades del ejercicio de esas libertades, el texto de la Constitución es neutro; ello implica que todos los mecanismos alternativos de solución de controversias gozan del mismo tipo de protección constitucional -por ejemplo, mediación, conciliación y arbitraje- y, por tanto, el legislador no está obligado a regular ninguno de ellos de manera preferente. Al relacionarse con el ejercicio de libertades, si las partes deciden acudir al arbitraje, deben hacerlo sobre la premisa de que el tribunal arbitral no es equiparable a una autoridad judicial desde la perspectiva constitucional. (énfasis añadido) Época: Décima. Registro No. 2014010. Tesis Aislada (Constitucional). Tesis: 1a. XXXVI/2017 (10a.) Instancia: Primera Sala. Materia: Constitucional. Gaceta del Semanario Judicial de la Federación. Libro 40, Marzo de 2017, Tomo I. Pág. 438

15 González de Cossío, Francisco. Prohibido Prohibir: Las órdenes de suspensión del procesos arbitrales por órganos estatales. ICC México Pauta No. 88 (2017) pp. 63-93

(*i*) la remisión al arbitraje;

(*ii*) el nombramiento de árbitros;

(*iii*) obtención de pruebas;

(*iv*) otorgamiento de medidas cautelares; y

(*v*) reconocimiento y ejecución de laudos arbitrales y medidas cautelares dictados por árbitros.

Tercero, las Cortes tienen también un compromiso de remitir a las partes al arbitraje de acuerdo con los artículos 1424 y 1464 (i) del Código de Comercio[16] Pues recordemos, el arbitraje es un criatura producto del consentimiento que no puede existir sin la cooperación y apoyo de los jueces.

El artículo 1424 dispone lo siguiente:

> " (REFORMADO, D.O.F. 22 DE JULIO DE 1993) Art. 1,424. El juez al que se someta un litigio sobre un asunto que sea objeto de un acuerdo de arbitraje, remitirá a las partes al arbitraje en el momento en que lo solicite cualquiera de ellas, a menos que se compruebe que dicho acuerdo es nulo, ineficaz o de ejecución imposible.
> Si se ha entablado la acción a que se refiere el párrafo anterior, se podrá no obstante, iniciar o proseguir las actuaciones arbitrales y dictar un laudo mientras la cuestión esté pendiente ante el juez.
> (ADICIONADO, D.O.F. 6 DE JUNIO DE 2011) Sin menoscabo de lo que establece el primer párrafo de este artículo, cuando un residente en el extranjero se hubiese sujetado expresamente al arbitraje e intentara un litigio individual o colectivo, el juez remitirá a las partes al arbitraje. Si el juez negase el reconocimiento del laudo arbitral en los términos del artículo 1462 de este Código, quedarán a salvo los derechos de la parte actora para promover la acción procedente.

---

16 Época: Décima. Registro No. 2018622, Tesis Aislada; Instancias: Primera Sala; Gaceta Semanario Judicial de la Federación, Libro 61, Diciembre de 2018, Tomo I, Pág. 303. 1a. CCLXXXVII/2018 (10a.). DERECHO DE RÉPLICA. LAS MEDIDAS PROCESALES A FAVOR DEL SOLICITANTE CONTENIDAS EN LA LEY REGLAMENTARIA QUE LO REGULA, NO CONSTITUYEN UN MENOSCABO A SU DERECHO A LA LIBERTAD DE EXPRESIÓN.

(*iv*) Medidas cautelares

En particular, por lo que respecta al otorgamiento de medidas cautelares que pausan o suspenden el procedimiento de arbitraje o tácticas que ponen en riesgo la integridad de los árbitros e instituciones arbitrales, este tipo de procedimientos podemos dividirlos entre aquellos que recaen sobre el fondo del asunto, y del que existiría un mayor temor de estar frente a una renuncia al arbitraje, con los que gravitan alrededor del fondo del asunto como son las medidas cautelares y los entremezclados que frustran la búsqueda de una solución.

En México, el artículo 1478 del Código de Comercio brinda plena discreción al juez para el otorgamiento de medidas cautelares en el arbitraje, la doctrina[17] y la jurisprudencia nacional[18] e internacional han establecido que para la procedencia de medidas cautelares deben actualizarse tres requisitos:

(*i*) la apariencia del buen derecho de quien las solicita;

(*ii*) el peligro en la demora; y

(*iii*) el balance positivo de intereses de las medidas cautelares.

A su vez, la base legal que tienen los jueces para otorgar cualquier tipo de medidas cautelares *excepto aquellas que busquen generar una modificación de la situación de hecho existente* o sobre el fondo del asunto recae en el artículo 1425 del Código de Comercio:

---

17 Manríquez García, Carlos. La apariencia del buen derecho en el juicio de amparo mexicano. Ver https://escuelajudicial.cjf.gob.mx/publicaciones/revista/10/10_7.pdf

18 Época: Undécima. Registro digital: 2026283. Instancia: Tribunales Colegiados de Circuito. 11ª Época Materias(s): Civil. Tesis: I.3o.C.21 C (11a.) Fuente: Gaceta del Semanario Judicial de la Federación. Libro 24, Abril de 2023, Tomo III, página 2587. Tipo: Aislada. MEDIDAS CAUTELARES PROVISIONALES EN EL JUICIO ESPECIAL SOBRE TRANSACCIONES COMERCIALES Y ARBITRAJE. PUEDEN ADOPTARSE, PERO NO TIENEN EL ALCANCE DE PERMITIR QUE SE DEJE DE CUMPLIR LO PACTADO EN UN CONTRATO CUYO ANÁLISIS SERÁ, EN SU CASO, MATERIA DEL FONDO. TERCER TRIBUNAL COLEGIADO EN MATERIA CIVIL DEL PRIMER CIRCUITO. Amparo en revisión 293/2021. CFEnergía, S.A. de C.V. 23 de marzo de 2022. Unanimidad de votos.

> "Artículo 1425.- Aun cuando exista un acuerdo de arbitraje las partes podrán, con anterioridad a las actuaciones arbitrales o durante su transcurso, solicitar al juez la adopción de medidas cautelares provisionales."

En la *praxis*, a pesar de ser un poder discrecional de las cortes que debe administrarse con cautela, las medidas cautelares otorgadas por jueces en arbitrajes se han otorgado de plano y sin mediar previa audiencia con fundamento en los artículos 1177 del Código de Comercio y el 384 del Código Federal de Procedimientos Civiles:

> "Artículo 1177.- Las providencias precautorias establecidas por este Código podrán decretarse, tanto como actos prejudiciales, como después de iniciado cualquiera de los juicios previstos en el mismo. En el primero de los casos, la providencia se decretará de plano, sin citar a la persona contra quien ésta se pida, una vez cubiertos los requisitos previstos en este ordenamiento. En el segundo caso, la providencia se sustanciará en incidente, por cuerda separada, y conocerá de ella el juez o tribunal que al ser presentada la solicitud esté conociendo del negocio."
> "ARTICULO 384.- Antes de iniciarse el juicio, o durante su desarrollo, pueden decretarse todas las medidas necesarias para mantener la situación de hecho existente. Estas medidas se decretarán sin audiencia de la contraparte, y no admitirán recurso alguno. La resolución que niegue la medida es apelable."

Lo anterior por que resulta conveniente el preservar la materia de la *litis*, y por que el Tribunal Arbitral puede no estar aún constituido. Sin embargo, una vez instalado el Tribunal Arbitral, las medidas cautelares subsisten hasta que el Tribunal Arbitral tome una decisión final o se presente una duplicidad de procedimientos judiciales y arbitrales cuyo objeto son las medidas cautelares en que se pida al Tribunal Arbitral otorgar otras equivalentes.[19]

No obstante lo anterior, debe resaltarse que un Tribunal Arbitral carece de facultades para ordenar a un Juez revocar dichas medidas cautelares, incluso si el balance de intereses no fue ponderado y las medidas cautelares recaen sobre el fondo del asunto. Es decir, si el otorgamiento de medidas cautelares por jueces se extralimita, el Tribunal Arbitral podrá decidir un reducido porcentaje de la controversia, lo que eludiría

---

19 Digesto 2012 de Casos basados en la Ley Modelo sobre Arbitraje Comercial Internacional, emitido por la Comisión de las Naciones Unidas para el Derecho Mercantil Internacional en 1985 y modificada en 2006.

de plano la aplicación de un criterio constitucional para dar coherencia a esas anomalía que en forma de restricciones gubernamentales erosionan una relación comercial de la importancia que tiene un medio de comunicación. Por ello ante una solicitud de suspensión de procedimiento de arbitraje por un supuesto alegato de violación al orden público conforme a la LIE, el juez que conozca la medida debe detenerse a observar la concurrencia que puede existir entre remitir el asunto a una Corte Federal para conocer de la procedencia de la medida cautelar en temas de libertad de expresión, seguridad nacional o derecho de réplica o deferir al árbitro conforme a los artículos 1424 y 1464 (i) del Código de Comercio y anteriormente mencionados.

Lo anterior no en apoyo a la tesis que propone la remisión en cualquier etapa del procedimiento sino a la luz de que la remisión al arbitraje debe exponerse en el primer escrito sobre la sustancia de la parte agraviada por un procedimiento paralelo que asuma jurisdicción sobre el asunto conforme al artículo 1464 del Código de Comercio. Esto por que una Corte Federal conforme a los artículos 103 y 107 de la CPEUM tiende a tener una mayor sensibilidad a temas relacionados como la protección de los derechos humanos y pueden brindar una efectiva solución al panorama actual asumiendo jurisdicción o de forma cautelosa y sin ánimos de prejuzgar acerca de la disputa ponderar el balance de interés y remitir el asunto a arbitraje para que el Tribunal Arbitral se logre colocar al mismo nivel que una Corte Constitucional.

CONCLUSIÓN

Las consecuencias de suspender un procedimiento arbitral bajo el fundamento de que de continuar con un arbitraje se violaría el orden público y en específico la LIE abren la puerta precisamente a un análisis constitucional que permita que el vehículo diseñado para que la información llegue a la sociedad civil no se vea arruinado. Así como el ejercicio de elegir un procedimiento de arbitraje busca encontrar la verdad de los hechos y asignar responsabilidades ésta investigación busca que se genere un debate de ideas vigoroso y abierto aplicable incluso dentro de la estructura societaria de un medio de comunicación, ya que bajo un criterio constitucional que subordine las restricciones gubernamentales se puede fomentar una responsabilidad para cuidado y protección efectiva de los derechos humanos.

En paralelo, por lo que corresponde a la decisión de optar por el arbitraje en vez del litigio para remover restricciones específicas en ciertos mercados, a *grosso modo* se propone aplicar un control de constitucionalidad en el análisis de balance de intereses a medidas cautelares que busque colocar en pausa dicho procedimiento por la importancia de derechos que pueden obviar ese tipo de medidas cautelares.

Es adición a lo anterior, desde el punto de vista constitucional se busca restablecer valores constitucionales que el arbitraje y el litigio comparten pues si extrapolamos el principio de que la protección a la libre expresión de las ideas requiere de un poder judicial apolítico y colocamos al arbitraje al mismo nivel que la judicatura, observamos que el arbitraje surge como nuevo discurso apolítico con cabida en la vida democrática de México para protección de derechos fundamentales.

Luego entonces se sugiere que en caso de que el solicitante de una medida cautelar que busque la suspensión del procedimiento por violación a el orden público elevar el estándar de prueba en una análisis de balance de intereses para potencializar la libre expresión. Es decir que si el daño inminente que se busca evitar con su otorgamiento es mayor que el daño que se causaría en caso de que no se conceda, procedería la medida cautelar. Lo anterior haría lógica por que distinguiría lo que es un cambio en la situación de hecho existente del fondo del asunto y por que en temas de derechos fundamentales, no puede subordinarse el derecho al debido proceso legal de una parte por riesgo aunque sea mínimo de afectar el grado de libertad de expresión.

Por último, se menciona que el uso de medidas dilatorias cae en el absurdo pues se incumple con el tema toral que consiste en resolver el fondo del asunto además de la pérdida de oportunidad de que alguien escuche.

RESEÑA DE LOS AUTORES

Alejandro Arias de Luna

Alejandro Arias de Luna es un abogado y empresario destacado en el ámbito jurídico internacional. Fundador del corporativo ADL, cuya práctica principal se desarrolla a través de despacho jurídico «ADL | Legum Atelier», se especializa en la resolución de controversias y el acompañamiento a empresarios a lo largo de la vida de sus empresas, desde su concepción como ideas de negocio hasta su consolidación, e incluso, su disolución. Con un sólido trasfondo académico, Alejandro es licenciado en Derecho con mención honorífica por la Universidad Panamericana y maestro en Derecho por la Queen Mary University of London, donde también egresó con honores.

Desde el inicio de sus estudios universitarios se involucró en el derecho internacional y comparado, comenzando por su participación en los internacionalmente reconocidos moot courts: Jessup y el Vis Moot (mención honorífica en el escrito de actor con la Universidad de Würzburg) y combinando sus estudios de grado en derecho mexicano con derecho internacional y alemán en la Julius-Maximiliam Universtiät-Würzburg.

Ha sido autor de publicaciones en arbitraje y ha impartido conferencias en diversas instituciones y asociaciones, como la Asociación Mexicano-Alemana de Juristas, e.V y la Universidad de Würzbug acompañado a la doctora en derecho, Laura Murgia-Goebel.

A lo largo de su carrera, ha trabajado en reconocidos despachos internacionales como Hogan Lovells en Múnich y Dechert en París, participando en complejos casos de arbitraje comercial e inversión.

Es miembro activo de varias asociaciones jurídicas internacionales y desarrolla su carrera en sus tres idiomas de trabajo: español, alemán e inglés, así como francés conversacional.

Ronaldo Cristian Paredes Infantes

DATOS PERSONALES

Fecha de Nacimiento: 01/09/1999.

Dirección: Norberto Haro andaluza 2558.

Teléfono: +51 934125710.

Correo: ronaldo.paredes@unmsm.edu.pe

EDUCACIÓN

Estudiante de 4° año de Derecho en la UNMSM. Aprendiz constante y entusiasta investigador en Derecho Comercial, Derecho Administrativo, Derecho Tributario y Arbitraje.

Ex miembro del Taller de Derecho Empresarial y Financiero de la UNMSM.

Actual miembro del Circulo de Estudios en Derechos Administrativos de la UNMSM.

HABILIDADES

Power Point, Excel y Word nivel intermedio.

Ingles Básico culminado.

Logros Relevantes

Ganador del cuarto puesto de la "III EDICION DEL PREMIO GUILLERMO AGUILAR ÁLVAREZ al mejor trabajo de investigación sobre arbitraje comercial o arbitraje de inversión ".

Rodrigo Andrés Freitas Cabanillas

Es un destacado abogado formado en la prestigiosa Pontificia Universidad Católica del Perú. Con una sólida carrera académica y profesional, es reconocido por su expertise en arbitraje y derecho administrativo. Como profesor universitario del curso de Arbitraje en la Universidad Científica del Sur, ha contribuido a la formación de nuevas generaciones de abogados especializados en resolución de conflictos. En su rol como árbitro, ha participado en múltiples instituciones arbitrales y está registrado en el RNA-OSCE, aportando su experiencia y conocimiento en la resolución de controversias. Posee un Máster en Dirección y Gestión de Proyectos por la Universidad Rey Juan Carlos y una Maestría en Derecho Administrativo Económico por la Universidad del Pacífico. Además, es fundador de Peruvian Young Arbitrators, una plataforma que impulsa a jóvenes profesionales en el campo del arbitraje, y miembro activo de la Sociedad Peruana de Derecho de la Construcción, contribuyendo al desarrollo y la actualización de esta especialidad.

Mariana Vargas Mathus

Asociada en el despacho fiscal y corporativo Consultoría Empresarial Metropolitana y Maestra de derecho comparado e inglés legal en la Universidad Anáhuac.

Mariana Vargascombina en su práctica la asesoría legal corporativo con el litigio comercial y los medios alternos de solución de controversias incluyendo el arbitraje.

tirant PRIME

Inteligencia jurídica
en expansión

Trabajamos para
mejorar el día a día
del **operador jurídico**

Adéntrese en el universo
de **soluciones jurídicas**

 +52 1 55 65502317
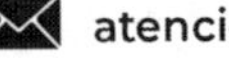 atencion.tolmex@tirantonline.com.mx

prime.tirant.com/mx/